KB268302

소통 세일즈의 힘

◇ 당신은 언제나 옳습니다. 그대의 삶을 응원합니다. **– 라의눈 출판그룹**

소통 세일즈의 힘

초판 1쇄 | 2016년 5월 16일
초판 3쇄 | 2017년 3월 2일

지은이 | 김대현
펴낸이 | 설응도
펴낸곳 | 라의눈

편집주간 | 안은주
편집장 | 최현숙
기획위원 | 성장현
마케팅 | 최제환
경영지원 | 설효섭·설동숙

종이 | 한솔 PNS
인쇄 | 애드그린
디자인 | Kewpiedoll Design

출판등록 | 2014년 1월 13일(제2014-000011호)
주소 | 서울시 서초중앙로 29길(반포동) 낙강빌딩 2층
전화번호 | 02-466-1283
팩스번호 | 02-466-1301
전자우편 | 편집 editor@eyeofra.co.kr
　　　　　경영지원 management@eyeofra.co.kr
　　　　　영업·마케팅 marketing@eyeofra.co.kr

ISBN : 979-11-86039-54-0　13320

* 잘못 만들어진 책은 구입처나 본사에서 교환해 드립니다.
* 책값은 뒤표지에 있습니다.
* 라의눈에서는 독자 여러분의 소중한 아이디어와 원고를 기다리고 있습니다.

소통 세일즈의 힘

거절을 판매로 연결시키는
최강 영업자의 비밀노트

김대현 지음

라의눈

오늘도 고객을 만나러 나서는 그대,
왕관을 쓸 때까지 지치지 않기를!

세일즈 선배 김대현의 이기는 노하우와 마음 멘토링

영업과 나의 인연은 길고 깊다. 나의 첫 직장은 보험회사였고 나는 이른바 영업직이었다. 그리고 30여 년이 흘렀다. 그동안 영업소장을 거쳐 영업교육부에서 근무했으며 보험 영업에 관한 강의를 해왔다. 꿈꾸던 TV 출연에 성공했고 세일즈 전문가 외에 가족소통 전문가란 또 하나의 타이틀을 얻었다.

세일즈에 관한 책을 써야겠다고 마음먹은 것은 보험사 영업교육부에 근무할 때부터였다. 몇 번이나 시작했다가 그만두기를 반복했다. 그 책을 이제야 쓴다. 아마도 지난 세월 수많은 영업의 달인을 만나서 그들의 노하우를 수도 없이 들었던 것이, 마치 누에가 뽕잎을 먹고 실을 뽑듯이 때가 되어 나온 것이란 생각이 든다.

사실 예전에는 영업의 달인들이 무엇을 말하는지 정확히 알지 못했던 것 같다. 피상적인 말은 알아들었지만, 그 말의 진정한 의미가 무엇인지 왜 그래야만 하는지 짐작하지 못했다. 누에에게서 실이 나온다는 사실은 알지만, 뽕잎이 어떻게 실이 되는지는 알지 못했던 것과 비슷하다. 초록색 뽕잎이 찬란한 비단이 되는 과정이 머릿속에서 정리될 즈음, 그러니까 최초 구상부터 장장 28년이 지난 후 책도 세상에 나왔다. 세상일은 허투루 되는 것이 없고 저절로 되는 것도 없는 법이다.

이 책은 당연히 세일즈를 잘하고 싶고, 또 오래 하고 싶은 분들을 위해 만들어졌다. 세일즈에 입문을 하긴 했는데 무엇을 어찌해야 할지 모르겠다는 분, 자신이 세일즈를 계속해야 할지 말아야 할지 확신이 서지 않는 분, 세일즈의 수준을 한 단계 올려줄 모멘텀이 필요한 분들, 그러

니까 지금 흔들리는 분들에게 도움이 되고자 하는 마음에서 시작한 것
이다.

"지속가능한 영업"

"평생 직업으로서의 세일즈"

이 두 가지는 내가 영업을 했을 때도, 후배들에게 조언을 할 때도 최
선의 목표로 삼을 만하다. 이 책 속엔 어떤 특이한 영업 노하우가 없다.
단지 다 알고 있으면서도 실천하지 못하는 스킬들을 어떻게 업무에 활
용할 것인지 팁을 알려주고, 다 알고 시작했으면서도 상처받는 마음을
어떻게 추스르고 씩씩하게 고객을 만날 수 있는지 그 노하우를 알려줄
것이다.

이 책이 그대들의 영감과 아이디어와 도전의식을 자극할 수만 있다면, 그대들의 마음을 위로해 그 힘으로 고객을 한 번 더 만날 용기를 낸다면 더 이상 바랄 것이 없을 것이다. 그것이 이 책을 쓴 동기이고 30년 세일즈 현장에 있었던 선배의 간절한 바람이다.

우리 사회의 수많은 편견과 고정관념 속에서도 치열하게 살아오신 보험 선배님들과 앞으로 세일즈의 새로운 기념비를 쓸 후배들에게 이 책을 바친다.

상처는 힐링, 멘탈은 강화

고객을 사로잡는 세일즈 연금술

Sales communication

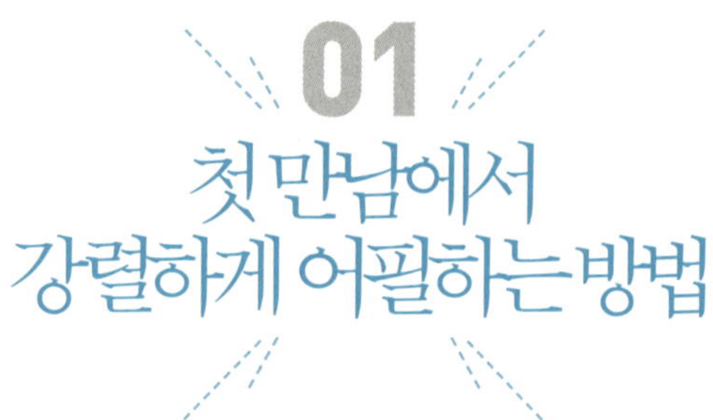

몇 년 전, 라디오 생방송이 있어 방송국에 갔다. 그런데 대기실에 들어서자마자 아이돌로 추정되는 낯선 젊은이들이 벌떡 일어서서 일제히 인사를 하는 것이 아닌가. 내 뒤에 아무도 없는 것을 확인하고는 그 인사가 내게 한 것임을 알고 머리 숙여 답례를 했다. 난 그들을 알지 못했고, 당시만 해도 내가 TV에 출연하기 전이라 그들이 나를 알 리도 없었다. 잠시 후, 나의 일행이 들어오자 그들은 다시 큰 소리로 인사했다. 심지어 청소하는 분이 들어오고 나갈 때도……. 방송을 준비하는 내내 대기실 안엔 인사가 끊이지 않았다.

궁금함을 참을 수 없었던 나는 나를 섭외한 작가에게 그들이 누구인지 물어보았다. 작가는 이제 막 데뷔한 아이돌 그룹 B1A4라고 말해주었다. 그들의 이름을 듣는 순간, 복사지가 먼저 떠오를 정도로 참 생소하기만 했다. 하지만 그들의 인사를 보면서 깨달았다. '아하, 아이돌 그룹에게 제일 먼저 가르치는 것은 인사인가 보다!'

그로부터 2년이 지난 후, 다른 방송국에서 있었던 일이다. 화장실에서 손을 씻고 있는데 뒤에서 "안녕하세요."라는 밝고 멋진 목소리가 들렸다. 거기엔 슈퍼주니어의 시원이란 친구가 서 있었다. 나는 주책없이 "정말 잘생겼다."라는 답례를 하면서 악수를 청했고, 시원 씨는 공손하게 두 손으로 내 손을 잡았다. 바로 그때 슈주의 멤버인 이특 씨가 들어오더니 내게 또 인사를 건넸다. 참 잘생기고 예의 바른 친구들이었다. 그날 이후 나는 알지도 못했고 관심도 없었던 슈주에 빠져버렸다.

화장실을 나오면서 내 머릿속은 "저 친구들이 왜 나에게 인사를 한 것일까?"라는 생각으로 가득찼다. 나는 두 가지 추론을 할 수 있었다.

첫째, 나의 외모가 중후하다 보니 그들이 나를 방송국 국장으로 착각한 것이 아닐까? 그게 아니면 둘째, 그들이 세계적 한류 스타가 되었음에도 불구하고 내가 전에 보았던 B1A4처럼 신인 시절부터 인사하던 습관이 지금까지 남아 있는 것은 아닐까? 언뜻 생각해봐도 두 번째 추론이 맞을 것 같다. 그러나 그런 건 중요하지 않았다. 어쨌든 나는 슈주의 팬이 되어버렸으니까.

이후로 나는 강의 때마다 슈주 홍보를 하고 다닌다. 그들이 나에게 가르쳐준 것은 인사가 소통의 출발이라는 것이다. 정중한 인사, 진심 어린 인사를 통해서 상대방은 나에 대한 첫인상을 형성한다는 평범한 진리를 참 오랫동안 잊고 살았던 것 같다. 그들이 나를 반성하게 만들었다. 인사는 아랫사람이 먼저 하는 것이 아니라 먼저 본 사람이 하는 것이다. 나는 요즘도 만나는 사람들마다 인사를 잘하려고 애쓰고 있다. 영업을 하는 사람들에게 가장 중요한 것은 첫인상이다. 그리고 첫인상을 결정하는 첫 번째 요소가 바로 인사다. 내가 인사를 잘하는 슈주에 푹 빠진 것처럼 누군가도 나의 인사를 받고 내게 호감을 가지게 하고 싶다. 그들은 나와 그날의 인사를 기억조차 하지 못할 텐데, 나는 그들을 홍보하고 다닌다는 게 본질이다. 단지 인사 한 번의 마법이다.

나는 지금까지 인사를 어떻게 하고 살았을까?
누군가에게 불쾌한 인사를 하지는 않았을까?

정말 진심을 담아 인사를 했던가?

그 사건 이후로 나는 모든 인사를 거의 90도로 하려고 노력한다. 물론 그런 내가 없어 보인다고 생각하는 사람도 있을 것이다(하지만 나는 계속 그렇게 할 생각이다. 굽히는 것이 싸가지 없다는 소리를 듣는 것보다 백배쯤 낫다). 그런데 내가 만난 최강 영업맨들, 보험왕들은 대부분 90도 인사를 하거나 정말 살갑게 인사하는 '인사의 달인들'이다. 영업에서 인사를 잘하는 것은 특히나 중요한 듯하다.

아무 이유 없이 사람을 미워하는 것은 벌받을 일이겠지만, 사람인지라 잘 알지도 못하는데 괜히 보기 싫은 사람들이 있다. 그런데 곰곰이 생각해보면 아무 이유 없이 싫어하는 것이 아니다. 바로 '인사'다. 그가 나에게 인사를 하지 않았거나, 내가 인사를 했는데 대충 받은 경우다. 그들은 영원히 모르고 지나가겠지만, 난 그들을 미워하기로 한다. 무시 당했다고 생각하기 때문이다.

물론 그들이 나를 무시한 게 아니라 습관적인 행동일 수 있다. 아니, 그럴 확률이 크다. 하지만 누가 남의 속사정까지 고려해주겠는가. 본의 아니게, 그들은 내게 비호감이 되었다. 단지 작은 인사 하나 때문에 말이다. 이쯤 되면 인사는 결코 작은 일이 아님을 절감한다.

인사는 나를 표현하는 것이다. 조금 과장하자면 인사가 곧 영업이고 판매다. 타인은 나의 인사를 통해 나를 평가하는 경향이 있다. 그러니 어찌 인사를 소홀히 하겠는가. 보험이나 자동차 영업을 시작하는 사람들에겐 인사부터 가르쳐야 할 것이다. 인사가 소통의 출발이고 첫인상이니까.

사실 따지고 보면 세일즈 행위도 소통의 일부다. 소통이 세일즈고, 세일즈가 소통이다. 소통이 되어야 스킬이고 뭐고 쓸 기회가 생긴다. 스킬은 부차적인 문제인데 많은 영업 초보들은 이것을 혼동하고 있다.

先 소통 後 스킬. 꼭 기억하셔야 한다.

소통이 되면 스킬은 몇 번이고 구사할 수 있다. 소통이 안 되면 스킬을 사용할 기회가 없다. 이런 상황에서 섣불리 스킬을 사용하다간 영영 고객을 잃게 될 수도 있다.

영업인을 위한 첫 번째 격언이라고 생각하는 것을 알려주겠다.

세일즈맨은 상품을 팔기 전에 먼저 자기 자신을 팔아야 한다.

자신을 파는 첫 번째 단계는 바로 인사다.

> **66**
> 인사가 새끼를 쳐서 계약으로 돌아온다고 생각하자.
> 어떤 사람을 만나더라도 정중하게, 매너 있게,
> 진심으로 자신을 잘 표현하는 인사를 하자.
> **99**

개그맨 K씨와의 첫 만남(그는 자신의 이름을 딴 빵으로 유명하다. 우리 아이들도 이 빵을 많이 사 먹었다), 마치 잘 아는 사람을 만난 듯 친숙했다. 연예인을 처음 만나면 마치 친구나 이웃을 만나는 느낌이다. 매체를 통해서 그에 대해 많은 것을 알고 기억하기 때문일 것이다. 특히 나는 누군가를 만나기 전에 인터넷 검색을 통해 그에 대해 자세히 알아보고 간다. 보험회사 시절의 경험 때문이다.

고객을 만나기 전 수집된 고객 정보는 고객과의 대화 시간을 연장해주는 친숙활동의 첫 번째 순서이며, 완전판매를 위한 매우 중요한 비포 서비스(Before Service)다.

나는 K가 진행하는 종편 채널의 한 프로그램에 출연할 예정이었다. 친숙한 연예인을 처음 본다는 생각에 밤잠을 설치며 그와의 만남을 준비했다. 녹화 장소에 도착해 메이크업을 받고 있는데, K가 도착했다. 메이크업 도중에는 일어서서 인사하지 않는 것이 관례이긴 하지만, 나는 무의식적으로 벌떡 일어서 그에게 인사를 건넸다. 준비한 인사말은 아예 기억도 나지 않았다. 그의 손을 잡고 "아, 반갑습니다. 야, 이거 참!"이란 말만 반복했던 기억이 난다.

그날 녹화 내내 그와 정말 많은 이야기를 했고, 그는 자기의 속 이야기까지 들려주었다. 남자들의 수다가 끝이 없을 정도였다. 그에게 나는 처음 만난 일반인이었을 뿐인데도 말이다. 녹화는 잘 끝났고, 다음을 기약하고 그와 헤어졌다. 집에 돌아와 잠자리에 누우니 문득 이런 생각이 들었다. '내가 참 인사를 잘했구나.' 인사의 말보다 인사에 담긴 진심과 호감이 그에게 전달되었던 느낌이 들었다. 물론 나의 착각일 수도 있다. 하지만 나도 나름 산전수전 겪은 사람이다. 대충 직감이라는 것이 있다.

만의 하나, 착각이면 또 어떠랴. 그런 착각이 나의 행동에 변화를 가져오게 하였고, 이후의 내 인사 습관을 더 좋아지게 만든 계기가 되었으니 말이다. 그와 수다를 떨면서 '만약 내가 지금도 보험 일을 하고 있다면 그에게 보험을 팔 수 있지 않을까.'란 뜬금없는 생각이 들었다. 아, 이 죽일 놈의 영업 본능!

아무튼 포인트는 인사다. 그런데 우리는 이렇게 중요한 첫 단추를 너무 소홀히 하는 경향이 있다. 당신이라면 인사를 잘하는 사람과 대충하는 사람, 누구에게 호감을 가질 것인가? 당신을 무시하는 사람과 말을 섞고 싶은가? 답은 다 나왔다.

아 참, 그리고 개그맨 K는 김국진 씨다.

> **66**
> 자신의 캐릭터에 맞는 정중하고도 다정한
> 나만의 인사법을 개발하면 엄청난 스펙이 될 수 있다.
> **99**

참 뻔한 이야기다. 또 이미 많이 들어 보았을 것이다. 많은 전문가들이 영업의 성공법칙인 KASH(Knowledge, Attitude, Skill, Habit) 중에서도 가장 중요한 것이 A(Attitude)라고 한다. 또 나의 경험으로 봐도 그렇다. 인사가 소통의 출발점이면, 태도는 소통의 MOT(Moment Of Truth)다.

나는 20년 넘게 강의를 하고 있다. 얼마나 많은 곳에서 얼마나 많은 진상들을 만났을까? 강의를 가면 어디나 있다. 노려보는 사람. 인상 쓰는 사람, 다른 짓 하는 사람. 그런 사람들을 발견하는 순간, 강의는 꼬이기 시작한다. '왜 나를 노려보지? 내가 마음에 들지 않나? 나에게 불만이 있나?' 별별 생각이 꼬리에 꼬리를 문다. 거기에 집중하다 보면, 강의는 점점 산으로 가버리곤 한다.

하지만 사실 이러한 상황은 오해로 끝나는 경우가 더 많다. 나를 유독 노려보았던 사람들이 강의가 끝난 후에 기념촬영을 하자고 하고, 그분들 중에는 나를 다른 강의에 초청하는 경우도 있다. 그러면 왜 그들이 나를 노려본다고 오해를 했을까? 강사인 나는 나를 보지 못하고, 관중은 관중 자신을 보지 못하기 때문이다. 다시 말하면 우리는 다른 사람의 말을 어떤 표정과 자세로 듣는지 스스로 본 적이 없다. 사실 그들 대부분은 내 강의를 진지하게 들었던 것이다.

그런데 나는 왜 그런 오해를 했을까? 표정에 변화가 없고, 자기를 표현하는 데 어색하고 서툴렀기 때문이라고 추정할 수 있다. 하지만 강의는 끝났고, 나는 이미 그들의 표정을 풀기 위해 쓸데없는 데 많은 시간을 써버렸다.

세일즈맨은 말을 많이 하는 직업이 아니라, 잘 들어주는 직업이다. 세일즈맨은 고객이 말을 많이 하도록 유도해야 한다. 그래야 계약에 성공한다. 그렇다면 어떻게 해야 고객이 말을 많이 할까? 바로 나의 태도에 달렸다. 고객의 말을 잘 들어주는 경청의 태도야말로 세일즈맨의 중요한 경쟁력이다. 아무도 자신의 말을 들어주지 않는 사람의 말을 듣고 싶어 하지 않는다. 고객의 말을 듣지 않는 세일즈맨은 늘 실패하게 되어 있다.

그런데 문제는, 상대가 경청하고 있는데 노려보고 있다고 오해하는 순간이다. 실제로 필자도 방송 중에 두 번이나 그런 지적을 받은 경험이 있다. 누군가의 말을 듣는 나의 표정이 상대를 무시하는 듯한 느낌을 준다는 것이다. 물론 오해다. 지적을 해주신 분들도 그걸 아니까 말해준다고 하였다. 그런데 이 지적은 상당히 신빙성이 있다. 한 번은 고참 PD가 조심스럽게 말해주었고, 또 한 번은 내가 참 좋아하는 탤런트 형님이 해주었다. 그 이후로 방송 때 내 표정에 신경을 많이 쓴다. 같이 방송을 했던 분들 중에 오해하셨던 분들이 있었을 것이라 생각하니 참 미안하고 아찔하다.

모 방송국에서 중년 남성을 대상으로 실험을 한 적이 있었다.

중년 남성 30명을 실험실에 모아놓고 재미있는 영화를 보여주고, 개그맨이 재치 있는 말로 웃기고 유명 강사가 강의를 하는 동안 그들의 표정을 카메라에 담았다. 진짜 실험은 그때부터였다. 참가자 개인에게 자신의 표정을 보여주자 그들은 대부분 충격을 받았다고 한다. 자신의 표정이 그런 줄 몰랐다는 것이다.

여기서 우리가 기억해야 할 것은 진정한 경청의 태도다. 고객이 말을 하면 일단 모든 것을 멈춰야 한다. 귀로 듣지 말고 온몸으로, 특히 얼굴 표정으로 들어야 한다. 히어링(Hearing) 하지 말고 리스닝(Listening) 해야 한다. 전자는 귀로 듣는 것이고, 후자는 표정과 온몸으로 듣는 것이다.

무슨 말인지 모르겠다면 더 쉽게 설명하겠다. 연애할 때 상대의 말에 집중하듯이, 딱 그 정도로만 고객의 말을 들어주면 된다. 성공의 길이 저절로 열릴 것이다.

> **"**
> 고객이 말을 하면 일단 모든 것을 멈춰라. 귀로 듣지 말고
> 얼굴 표정으로, 더 나아가 온몸으로 들어야 한다.
> **"**

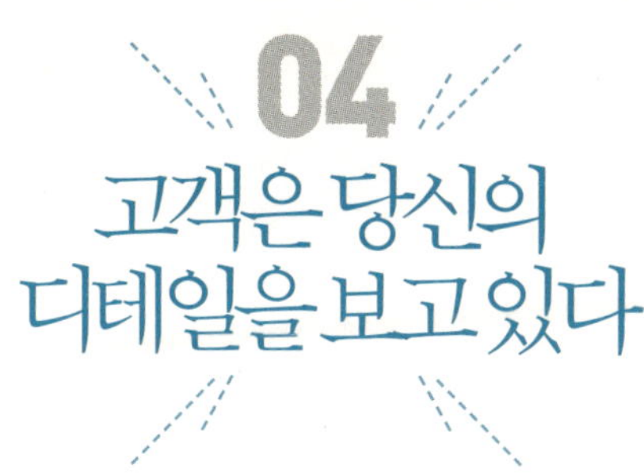

고객이 단칼에 거절한다. 이럴 때는 다른 이유를 갖다 붙이지 말라. 거절의 본질은 내가 마음에 들지 않는다는 것이니까. 나에게 관심과 호기심이 있다면 매몰차게 거절하지 않는다. 거절하더라도 여지는 남긴다. 그런데 고객에게 '당신의 태도가 마음에 들지 않아 거절한다.'는 말을 한 번도 들어보지 못했을 것이다.

갑자기 학창시절 미팅이 생각난다. 나는 번번이 거절을 당했지만, 그들은 모두 남자에 관심이 없거나, 친구 대신 나왔거나, 시험 준비로 바쁘다고 했다. 아무도 내가 못생겨서라고 말하지 않았다(나쁜 기집애들! 그 때 나는 있는 척을 했어야 했다. 의대를 다닌다고 뻥이라도 쳐야 했다. 세상은 순수 만으로 살 수 있는 곳이 아니었다).

자, 보험의 가입을 유도하는 상황으로 다시 돌아가 보자. 고객은 당신의 태도가 마음에 들지 않는다. 그러나 이런 솔직한 이야기를 함으로써 상황을 불편하게 만들 필요가 없다. 그저 "보험, 필요 없습니다."라고 단호하게 거절한다. 어쩌면 고객은 보험을 거절한 것이 아니라, 당신을 거절한 것인지도 모른다. 당신은 입으로는 평생을 책임지겠다고 하면서, 당장 보험만 가입하면 입 닦을 것 같은 태도를 보였을 수도 있다. 고객은 세일즈맨의 말이 아니라, 자신의 느낌을 믿는다.

그런데 안타까운 것은 정작 본인들은 이런 문제를 모르고 있다는 점이다. 솔직히 누가 말해주기도 어렵다. 고객의 피드백으로 자신의 모습을 점검해야 한다. 세일즈맨은 말과 태도뿐 아니라 복장이나 용품에도 신경 써야 한다. 넓은 의미에선 그것이 모두 태도다. 실용주의적 관점에서는 200원짜리 볼펜이나 몇 십만 원짜리 만년필이나 똑같다. 하지만 고객은 그런 작은 것에서 그 사람의 태도를 유추한다는 것을 잊지 말자.

사람은 누구나 존중받고 대접받고 싶어 한다. 그런데 나도 모르는 나의 태도가 고객을 밀어내고 있다면, 당신은 번번이 거절당할 수밖에 없다. 여기서 말하는 태도가 '외모'라고 착각하면 안 된다. 만약 그렇다면 보험사의 판매왕은 그 보험사에 근무하는 세일즈맨 중 외모가 가장 뛰어난 사람이어야 한다. 하지만 실상은 절대 그렇지 않다. 사람의 매력은 여러 가지다. 자신만의 매력을 고민해야 할 이유다.

그러면 태도란 무엇으로 구성될까? 앞서도 말했지만 표정과 이미지, 말투, 복장, 그리고 판매도구 등이 모두 포함된다.

웃음 근육을 만들어라

한마디로 외모가 아니라 인상이 중요하다. 자고로 인상이 좋아서 손해 볼 일은 없다. 인상이 좋으면 일단 먹고 들어간다. 그렇다면 어떻게 해야 좋은 인상을 줄까? 답은 간단하다. 웃는 것이다. 고객들은 생각보다 착하고 단순하다. 좋은 인상에 잘 속는다. 솔직하게 이렇게 말하는 나의 외모도 그렇게 내세울 만한 수준은 못 된다. 이 외모로 살아야 했기에 나는 웃는 인상을 가지려고 무던히 애썼다.

아침마다 거울을 보고 웃는 연습을 한 것이 10년도 넘었다. 하루에 20번씩은 하는 것 같다. 우울한 일이 있어도 거르지 않는다. 이런 연습을 하게 된 계기가 있었는데, 고 황수관 박사님과의 우연한 만남이었다.

10여 년 전, 김포공항에서 황수관 박사님을 뵈었다. 그분은 아무도 쳐다보지 않는데도 얼굴에 웃음을 가득 머금고 걸어가고 있었다. 그 모습에 충격을 받았던 기억이 새롭다. 그분의 얼굴을 떠올려보라. 그렇게 부드러운 얼굴이 아니다. 아마 대중 앞에 서는 사람으로서 인상을 부드럽게 하고 싶다는 생각에 치열한 노력을 하셨을 것이다. 비행기를 타려고 탑승구로 가다가 다시 마주치게 됐는데, 그 미소를 계속 유지하고 계셨다. '저렇게 유명한 분도 자신의 이미지를 바꾸기 위해 애쓰시는데'라는 생각에 아침마다 거울을 보고 웃는 연습을 하기 시작했던 것이다.

인상 쓰는 얼굴보다 웃음 짓는 얼굴을 보면 기분이 좋은 것이 인지

상정이다. 이건 돈 드는 일도 아니니 더 좋다. 누구는 좋은 인상을 위해 수술도 한다는데, 굳이 그러지 않아도 매일 연습하면 자연스럽게 좋은 인상을 갖게 된다. 얼굴의 근육을 웃는 근육으로 바꾸는 것이다. 웃음은 얼굴의 650개 근육 중에 231개의 근육을 움직이는 운동이라고 한다. 웃는 연습을 자주 하면 고객과의 소통도 원활해지고 얼굴의 노화도 방지할 수 있으니 일거양득이다.

주변을 둘러보면 유난히 잘 웃는 사람들이 있다. 그들은 어떤 성향의 사람들인가? 속없는 사람? 바보 같은 사람? 주책없는 사람? 필자의 생각엔 잘 웃는 사람은 다른 말로 여유 있는 사람이라 생각한다. 혹시 자신이 잘 웃지 못하는 사람이라면 그건 순전히 자신의 책임이다. 힘들 땐 이 말을 떠올려보자.

'웃을 일이 있어서 웃는 것이 아니라, 웃다 보면 웃을 일이 생긴다.'

하지만 웃음 연습은 가급적 집이나 차 안에서 하자. 내가 웃는 연습을 하고 있는데, 따라 웃는 사람을 발견하면 기분이 묘해지는 경험을 하게 된다. 이것만 피하면 된다.

기억하자. 나의 태도를 결정하는 첫 번째는 표정이고, 그 표정의 기본은 웃음이다. 웃자, 무조건 웃자.

말투도 태도다

말씨에는 복을 부르는 말씨가 있고, 복을 쫓는 말씨가 있다. 남에게 힘과 용기를 주는 말씨가 있고, 상처를 주는 말씨가 있다. 그런데 이러저러한 나의 말씨는 어디에서 왔을까?

필자는 가늘고 길지만 품격이 있는 세일즈를 지향한다. 그런데 그 품격은 말씨에서 비롯되고 말씨로 끝을 맺는 것이지 싶다. 그러니 품격을 높이고 싶다면 말을 신경 써서 해야 한다. 입에서 격 떨어지는 소리가 나오는데, 그 팔에 걸쳐진 명품 핸드백이 무슨 소용이겠는가? 그런 사람들은 자기 스스로 명품을 짝퉁으로 만들고 있다는 것을 꿈에도 모를 것이다.

고객은 나의 말로 나를 판단한다. 내 말씨에 격이 있으면 절대 함부로 대하지 못한다. 그러니 고객을 탓하고 내 직업을 한탄하기 전에 내 말씨를 점검해봐야 한다. 단 몇 마디 말에 품격이 땅에 떨어지고, 명품이 짝퉁으로 변하는 놀라운 일이 벌어진다. 말은 그 사람의 거울이다. 다시 말해 마음을 담고 보여주는 그릇이다. 세일즈에서 성공하고 싶다면 말부터 바꿔야 한다. 말씨가 변하면 관계가 변하고, 관계가 변하면 당신이 원하는 목표에 도달하는 것이 훨씬 수월해진다. 이것이 진리다.

그렇다면 말투를 변화시킬 방법은 무엇일까? 여러 가지가 있겠지만,

일단 자신에게 하는 말부터 바꾸라고 말하고 싶다. 자기 자신과 긍정적으로 대화하라. 자신에게 좋은 이야기를 해주고, 자신을 칭찬하라. 자신을 존중하고 사랑하는 사람의 말투는 아름답다. 그것이 모든 것을 변화시키는 출발점이다.

> **66**
> 웃음 짓는 얼굴, 격 있는 말투는
> 절대 배신하지 않는다. 지속가능한 영업을 하고 싶다면
> 표정과 말투부터 바꿔라.
> **99**

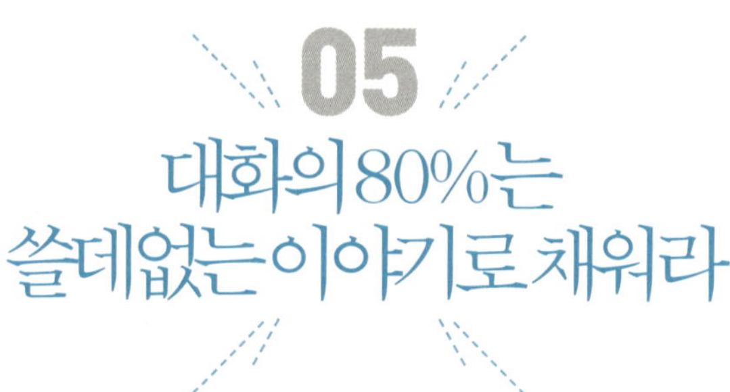

강의를 다니다 보면 이런 질문을 많이 받는다.

"저는 말을 잘 못해서 영업이 잘 안 되는 것 같아요. 어떻게 하면 강사님처럼 말을 잘할 수 있을까요?"

이런 질문은 대부분 세일즈 경력 1년 미만인 분들에게서 나온다. 왜 경력이 많은 분들은 이런 질문을 하지 않을까? 말을 잘하는 것이 그렇게 중요하지 않다는 것을 체득했기 때문일 것이다.

세일즈란 말을 잘해서 성공하는 직업이 아니다. 고객과 소통을 잘해서 그들에게 신뢰를 주어야 성공하는 직업이다. 소통이라면 대화만 생각하는데 관심과 배려, 공감을 모두 포함하는 개념이다. 말을 제외한 관심과 배려와 공감만으로도 소통할 수 있는 것이다. 길거리에서 물건을 파는 사람에겐 말 잘하는 능력이 필수적이다. 하지만 현대의 세일즈는 고객의 라일프스타일을 관리해주는 직업이 되었다.

'말 앞서는 놈치고 제대로 된 놈 없다.'는 말이 괜한 말은 아니다. 특히나 보험 영업에서는 더 그렇다. 그렇다면 보험 영업에서는 대화가 필요 없을까? 물론 필요하다. 그러나 말을 잘한다기보다 질문과 경청이 더 중요하다는 것을 강조하고 싶다. 좋은 질문과 좋은 경청 태도가 핵심이다.

실제로 일본 경제신문에 그와 관련된 기사가 난 적이 있다. 업종을 불문하고 영업을 잘하는 사람들의 대화법은 다음과 같은 공통점이 있었다고 한다.

1. 고객의 말을 무조건 들어준다.

2. 쓸데없는 이야기 80%, 상품 이야기 20%의 비율을 유지한다.

3. 고객의 수준에 맞춰서 이야기한다.

4. 칭찬을 많이 한다.

앞의 4가지 대화법의 핵심은 무엇인가? 결국은 '잘 들어주는 수다'이다. 말을 잘하면 더 좋겠지만, 그게 안 되면 잘 듣기만 해도 된다. 듣고 있는 동안 고객이 말을 한다. 당신이 재미나게 들어주면 고객이 더 재미있게 얘기한다. 당신이 진지하게 들어주면 고객이 더 진지하게 얘기한다.

고객은 이야기하면서 당신의 눈과 행동을 보고 당신을 판단한다. 자신의 이야기를 진심으로 들어준 사람에게 호감을 갖는 것은 인지상정이다. 어찌 보면 상품을 판매한다는 것은 고객의 이야기를 잘 들어준 대가라는 생각이 들기도 한다.

필자도 누군가에게 부탁을 하러 갈 때는 무조건 듣겠다고 다짐하고 간다. 상대가 자랑부터 하거나 잘난 척을 해도 고개를 끄덕이며 잘 듣는다. 간간이 질문도 한다. 어차피 상대는 내가 왜 왔는지 알고 있다. 상대의 얘기를 한참 듣고 나면 상대가 먼저 본론을 꺼낸다. 나는 그저 도움이 필요하다고만 말한다. 내가 이 방법을 쓰는 이유는, 이것이 가장 확률이 높은 방식이기 때문이다. 생각해보라. 내 말을 잘 들어주는 사람과, 딴짓하는 사람 중 누구에게 더 끌리겠는가?

결론은 간단하다. 말을 잘하면 좋겠지만, 고객의 말을 잘 듣고 칭찬하는(좋은 거짓말) 것이 더 중요하다. 말은 상품 설명만 제대로 할 정도면 된다. 만약 고객이 먼저 상품 이야기를 꺼낸 경우라면, 내 경험상 판매 가능성은 99%이다. 당신이 경청하는 동안 고객은 이미 구입을 결심하였기 때문이다.

> '말 잘하는 사람'은 절대 '말 잘 듣는 사람'을
> 따라오지 못한다.
> 고객의 말을 잘 듣는 것이 잘 파는 것이다.

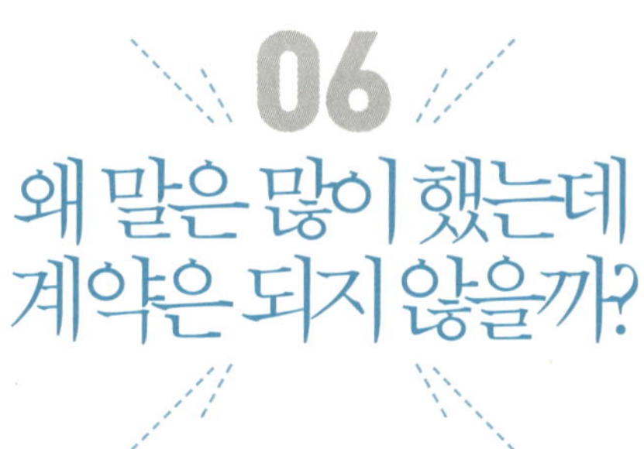

세일즈를 하는 사람은 항상 마음이 급한 경향이 있다. 사람을 만나자마자 계약과 관련해 생각한다. 자신이 궁금한 것들을 물어본다. 고객이 어떤 생각을 하는지는 별로 신경 쓰지 않는다. 이것이 말은 많이 했는데, 계약은 되지 않는 원인이다.

우리는 사실 세일즈 하기 참 좋은 세상에 살고 있다. 맘만 먹으면 인터넷이나 SNS를 검색해 고객에 대한 정보를 자세히 알 수 있다. 필자도 마찬가지였다. 대박이 났던 방송 프로그램에 출연하기 전에 출연자들에 대한 사전 정보를 입수했고, 그것을 바탕으로 대기실에서 대화를 나누며 친숙 단계에 들어갔다. 토크 위주의 프로그램에서는 다른 출연자들과의 호흡이 매우 중요하다. 내 말을 200% 살려주는 것도 그들이다.

나는 사전 정보를 검색한 끝에 출연진 중 한 교수님이 군대 선배이고, 의사 한 분은 지인과 친한 사이이며, MC 역시 한 다리 건너면 아는 사이임을 알게 되었다. 다섯 단계만 거치면 오바마, 푸틴과도 연결된다는 말이 결코 과장이 아니다. 이렇게 든든한 우군을 확보하고 시작한 방송은 대박이 났고, 이후 다른 방송에도 출연하게 된 계기가 되었다. 그 후 나는 '지피지기면 백전백승'이라는 사자성어를 신봉하게 되었다. 이후는 출연하는 모든 프로그램의 출연자 정보를 검색하는 것이 습관이자 취미가 되었을 정도다. 사람은 참 단순하다. 자기가 출연했던 방송이나 드라마, 히트곡에 관심을 가진 사람에게 엄청나게 호의적이다.

요즘은 페이스북이나 카톡, 카스 등도 자주 살펴본다. 사람들은 자랑하고 싶은 것을 SNS에 올린다. 나부터도 그렇다. 만약 나의 SNS에 관심을 보내는 지인을 오프라인에서 만나면 엄청나게 반갑다. 세일즈는 그 이전에 소통이 전제되어야 한다. 고객을 만나기 전, 고객에 대한 정보를 최대한 많이 입수하고 그것을 소재로 질문하고 대화하라.

만약 당신이 내성적이고 소심한 성격이라면 눈 딱 감고 SNS의 '친구

맺기'를 시도하라. '좋아요'를 마구 눌러줘라. 그런 행동만으로도 성격을 조금은 변화시킬 수 있다. 아무래도 세일즈는 조금 들이대는 것이 필요하다. 원하는 것이 있다면 달래야 한다. 노려보고 생각만 한다고 거저 주지 않는다. 지피지기가 세일즈의 출발점이라고 생각하자. 그래야 성공한다. 고객에 대한 정보를 좋은 질문으로 고객에게 되돌려주는 것, 그것보다 쉽고 강력한 친숙활동은 없다.

> **66**
> 당신은 고객에 대해 얼마나 아는가? 아는 만큼 친해지고,
> 친해진 만큼 원하는 것을 얻을 수 있다.
> **99**

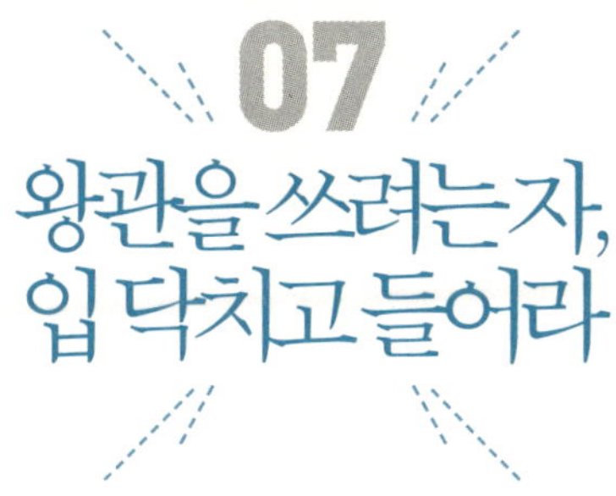

세일즈는 마라톤이다. 오랜 시간 지속할 수 있는 비즈니스란 말이다. 스스로 그만두기 전에는 계속할 수 있는 직업이기도 하다. 보험을 예로 들면, 자식에게 대물림할 수도 있는 참 좋은 직업이다. 이렇게 세일즈를 오랫동안 지속할 수 있는 비결은 무엇일까? 그 분야에서 성공한 세일즈맨들에게 물어보니, 신뢰라고 대답한다. 신뢰란 다른 말로 고객의 마음을 얻었다는 것이다. 모든 세일즈맨들이 고객의 마음을 얻고자 하지만, 소수만이 그 일을 해낼 수 있다. 그러니 그 방법이 궁금하다.

물론 여러 가지가 있을 테지만 한결같은 성실함, 꾸준한 활동, 정보와 지식, 정직성 등이 기본이 될 것이다. 필자의 좌우명은 '이청득심(以聽得心)'이다. 잘 들어줌으로써 마음을 얻는다는 의미다. 나는 강연에서 남편들에게 이렇게 말한다. "만약 당신이 아내의 말을 잘 들어주지 않으면 다른 놈이 그 말을 들어줄 것이고, 그 놈이 아내의 마음을 가져갈 것이다." 그 다른 놈은 종교인일 수도, 의사일 수도, 카운셀러일 수도 있다. 아내의 마음이 다른 데 가 있으면 행복한 결혼생활은 끝났다고 보는 것이 현명한 판단이다. 남편은 돌아갈 곳이 없어진다. 그런데 이 말을 들은 남편들은 나에게 불평한다. 아내의 말을 듣기가 어렵다는 것이다. 왜냐고 물어보면 말이 너무 많다는 대답이 돌아온다.

여기서 지피지기면 백전백승이란 말이 다시 나온다. 남자와 여자는 대화 방식이 다르다. 여자는 말이 많다. 왜 그러냐고 묻지도 말고 따지지도 말아라.

그 시간에 왜 비행기가 기차보다 빠르냐를 묻는 것이 낫다. 원래 그런 거다. 도대체 어떻게 말을 들어주어야 할지 모르겠다는 남편들에게 나는 "입 닥치고 들어라."라고 말해준다.

고객에게도 마찬가지다. 고객이 말을 시작하면 스마트폰을 내려놓고 두 눈을 바라보며 진심으로 들어라. 생각해보라. 자신의 말을 진지하게 들어주는 사람과 건성으로 듣는 척하는 사람, 누구에게 신뢰가 가겠는가.

고객이 말하면 듣자. 무조건 듣자. 설사 틀린 말을 하더라도 들어주자. 고객과 토론을 해서 이길 필요가 없다. 나의 상품을 소개하고 판매하는 것이 목적이다. 현대인들은 모두 외롭다고 한다. 아무도 내 말을 들어주지 않기 때문이다. 자기의 말을 잘 들어주는 사람과는 친구가 된다. 유능한 세일즈맨들은 남의 이야기를 잘 들어준다. 리액션도 훌륭하다. 그래서 오랫동안 세일즈를 할 수 있는 것이다. 왕관을 쓰려면 무조건 고객의 마음을 얻어라. 어느 날 왕관이 나의 머리에 와 있을 것이다.

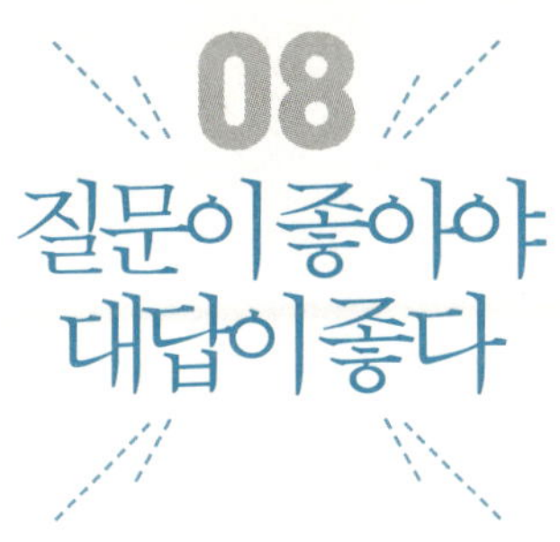

세일즈를 하는 사람들은 고객을 만나기 전에 제안서를 준비한다. 그렇다면 어떤 제안서가 좋은 것이고, 제안서는 언제 제시하는 것이 좋을까? 우선 좋은 제안서의 조건부터 알아보자.

두말할 것도 없이 고객의 가려운 곳을 팍팍 긁어주는 제안서가 최선이다. 제안서 첫머리는 고객의 첫 번째 니즈를 해결해줄 제안이 들어가야 한다. 그러기 위해선 고객을 잘 알아야 하고, 잘 알기 위해서는 여러 번 만나야 한다. 그런데 아무 생각 없이 만나기만 하면 될까? 아니다, 적재적소의 질문으로 고객의 니즈를 가능한 한 정확하게 캐치해야 한다. 즉, 고객과 만나기 전의 필수 준비물은 좋은 질문인 것이다. 좋은 질문을 대화를 즐겁게 이끈다. 당신이 고객에게 얼마나 관심을 갖고 있는지 고객에게 알려준다.

그렇다면 좋은 질문은 무엇인가?

이 질문에 답하기 전에 사람들의 양면성에 대해 먼저 말해보자. 사람들은 다양하면서 단순하다. 앞의 다양성에 집착하면 고객을 공략하기 어렵다. 뒤의 단순성에 집중하면 고객의 니즈를 알아내는 일이 의외로 너무 쉽다.

사람은 누구나 외롭고, 깊은 상처가 있고, 인정받고 싶고, 잘나고 싶다는 점에서 단순하다. 예외는 없다. 질문을 통해 이런 심리를 자극하면 된다. 좋은 질문은 고객이 말을 많이 하게 하는 질문이다. 자녀들을 떠올려보면 이는 확실해진다. 아이가 입을 다물게 만들려면 아이의 잘못을 지적하는 질문을 하면 된다. 반대로, 아이가 잘한 것을 묻는다면 아이는 신나서 재잘될 것이다. 당신은 그저 잘 들어주기만 하면 저절로 소통이 이루어진다.

세상일은 모두 똑같다고 생각한다. 고객이 들어서 기분 좋아지는 질문을 준비하라. 그러기 위해서는 가능한 정보가 많을수록 좋다. 고객의 카톡에 유럽의 성에서 찍은 사진이 올라왔다고 해보자. 당신이 고객에게 던질 첫 번째 질문을 어떻게 구성해야 할까?

"카톡의 여행 사진 봤어요. 거긴 어디예요? 엄청 멋있던데."

이 질문 하나에 당신은 고객의 자랑질을 20분은 들어주어야 할 것이다. 사람은 자신의 말을 잘 들어주는 사람과 친구가 된다. 그 다음부터는 일사천리다. 아무것도 한 게 없다고 자책하지 말길 바란다. 당신은 당신 자신을 고객에게 판매한 것이다. '무언가를 팔기 이전에 자신을 먼저 팔아야 한다.'는 세일즈 격언을 기억하라. 잘 들어주는 당신을 고객은 믿을 만한 사람으로 판단한다.

성급하게 생각하지 말기 바란다. 인생은 순간이 모여서 결과를 만드는 것이다. 질문과 경청의 순간들이 원하는 것을 당신 앞에 나타나게 만든다.

> **66**
> 고객이 말을 많이 하도록 하는 질문을 던져라. 그저 듣고만 있으면 오늘 방문의 목적은 200% 달성한 것이다.
> **99**

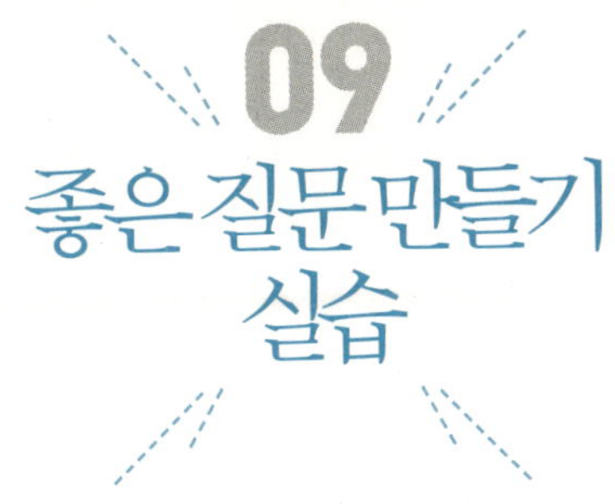

그래도 좋은 질문이 뭔지 모르겠다는 독자들을 위해 실습을 해보기로 하겠다. 다음의 질문 중 좋은 질문에 O, 나쁜 질문에 X 표시를 해보자.

1. 보험에 대해서 어떻게 생각하십니까? (   )

2. 보험 하나 가입하시지요? (   )

3. 고객님, 좋은 상품이 나왔는데 들어보시겠습니까? (   )

4. 만약 5억이 생기면 가장 먼저 하고 싶은 일은 무엇입니까? (   )

5. 내일 사망한다면 남겨진 가족들의 미래는 어떻게 될까요? (   )

6. 노후 대책은 준비하셨습니까? (   )

7. 노후는 어떻게 보내고 싶으십니까? (   )

1. 보험에 대해서 어떻게 생각하십니까?

정답은 '그때그때 달라요~'다. 처음 만난 자리에서 이런 질문을 하면 답은 뻔하다. 부정적인 답들이 쏟아질 것이다. 그러나 친숙단계를 거친 후에 이런 질문을 던지면, 고객의 속마음을 들을 수 있다. 기억하라, 질문에도 때가 있음을.

2. 보험 하나 가입하시지요?

확률로 봐서 90% 이상 거절을 불러오는 질문이다. 더 말할 가치도 없다.

3. 고객님 좋은 상품이 나왔는데 들어보시겠습니까?

이 질문도 확률상으로는 거절을 불러오는 질문이다. 하지만 질문 전에 고객의 니즈를 확인하고 고객이 갖고 있는 보험에 대한 편견과 불만을 아는 상태에서 하는 질문이라면 의외의 효과를 얻을 수 있다. 이렇게 질문을 바꾸면 더 효과적이다.

"네, 그래서 그런 사항을 대폭 반영한 상품이 한정판으로 출시되었는데, 잠시 설명을 드려도 될까요?"

4. 만약 5억이 생기면 가장 먼저 하고 싶은 일은 무엇입니까?

이 질문은 매우 중요하다. 고객의 니즈를 파악하고, 고객이 지금 어떤 어려움에 처해 있는지 알 수 있기 때문이다. 만약 고객이 '주택 구입'이라고 대답하면 고객은 지금 집을 갖고 있지 않으므로 보장성 보험보다는 저축을 선호할 것임을 알 수 있다.

고객이 '전원주택 구입'이라고 답한다면 그는 어느 정도 여유 있는 사람이며 노후의 삶에 관심이 있으므로 노후 준비와 관련된 상품을 추천하면 된다.

고객이 '빚 청산'이라고 한다면, 그는 지금 하우스 푸어이거나 사업상 자금 문제로 고민하고 있는 사람일 것이다. 이런 경우 대환(싼 이자로 갈아타는 것)이나 사업자금 대출, 이자 줄이는 노하우 등 정보를 제공하는 것이 우선일 것이다.

4번의 질문은 "로또에 당첨된다면~~"으로 바꿀 수도 있다.

5. 내일 사망한다면 남겨진 가족들의 미래는 어떻게 될까요?

고객을 생각하게 하는 질문이다. 고객은 자신이 가족을 위해 준비해 놓은 것이 부족하다는 것을 깨닫게 되는 경우가 많다. 물론 이 질문은 고객의 부정적 반응을 예상해야 하는 질문이지만 그만큼 효과가 큰 질문이다. 상담을 끝내기(크로징) 직전에 사용하는 것을 권한다.

6. 노후대책은 준비하셨습니까?

7. 노후는 어떻게 보내고 싶으십니까?

6번과 7문 질문은 기본적으로 같은 것이다. 하지만 6번 질문이 단답형의 대답만 이끌어내는 것과는 달리, 7번 질문은 고객의 속마음을 알아낼 확률이 보다 높다.

세일즈는 질문을 잘하고, 잘 들어주어야 하는 직업이다. 상투적인 질문보다는 고객의 니즈를 알아낼 질문을 하기 위해 노력해야 한다. 질문이 좋아야 답이 좋기 때문이다. 세일즈를 하는 사람은 말을 잘하고 싶다고 생각하지만, 질문을 잘해야겠다는 생각은 하지 않는 것 같다.

PB(Private Banker)는 고액 자산가의 자산관리를 도와주는 금융회사 직원을 말한다. 이 PB들의 고객 첫 응대법도 지금까지 말한 이야기와 비슷하다. 일단 조용하고 고급스러운 개인 사무실로 안내해, 개인적 대화를 나누는 것이다. 이때 PB들도 주로 질문을 한다. 질문을 통해 고객의 성격과 니즈를 파악하고 그에 맞는 자산관리 솔루션을 제시한다.

> 66
> 세일즈맨의 능력은 질문력(質問力)에서 시작된다.
> 내가 지금 고객에게 던지는 질문은 과연 몇 점일까?
> 99

10 아리스토텔레스가 알려주는 설득의 기술

"어떤 사람이 세일즈를 잘할까요?"

이런 무지한 질문을 세일즈 현장의 관리자들에게 던졌을 때 가장 많이 나오는 답변은 무엇일까? 성실함(꾸준함)이 상위를 차지하고 그 다음이 지식(정보)이다. 왜 많이 아는 사람보다 성실한 사람이 세일즈에 강할까? 아리스토텔레스의 저서 '수사학(The Art of Rhetoric)'에 등장하는 로고스, 파토스, 에토스의 개념을 알고 나면 그것이 당연한 일임을 깨닫게 될 것이다.

로고스(Logos)란 화자의 이성, 즉 사실과 논리를 말한다.

파토스(Pathos)란 화자의 감정, 즉 열정과 공감 능력을 말한다.

에토스(Ethos)란 화자의 태도나 매력, 카리스마, 신뢰를 말한다.

결론부터 말하자면 이 세 가지 개념은 설득의 세 가지 요소이다. 그 중 가장 중요한 것이 에토스라고 한다. 이를 세일즈 현장으로 가져와보자. 설령 논리가 좀 떨어지거나 감정 이입이 덜하더라도, 말하는 사람의 평소 이미지가 좋거나 믿을 만하다면 계약을 성공시킬 가능성이 높다는 뜻이다.

필자는 평소 스킬 위에 소통이 있다고 주장해왔다. 여기서 소통이란 고객에게 나의 생각, 신념, 가치 등을 전달해 고객의 마음속에 좋은 이미지를 심는 것이다. 다시 말해 위에서 말한 에토스이다. 에토스는 단시간에 만들어지지 않는다. 그러나 한 번 만들어지면 오랫동안 지속된다는 장점이 있다. 세일즈를 평생 직업이라고 하는 이유가 그것이다.

세일즈를 처음 시작하는 사람들은 로고스에 치중한 나머지 성급하게 클로징하는 우를 범한다. 이는 고객에게 좋지 않은 이미지를 주고 내 자신도 마음에 상처를 입게 된다. 이렇게 상처 받는 일이 몇 번 반복되면 세일즈에 자신감을 잃고 급기야 포기하게 되는 것이다. 마치 장을 담근 후에 숙성기간을 생각하지 않고 자주 뚜껑을 열어 장을 상하게 만드는 것과 같은 이치다.

이런 실수를 미연에 방지하기 위해 기억해야 할 것이 '선 소통, 후 스킬' 원칙이다. 다시 말해 에토스, 파토스, 로고스의 순으로 고객을 설득하는 것이다. 앞에서 말한 아리스토텔레스의 설득 법칙을 메라비언 교수의 법칙과 비교해보자.

메라비언 교수는 누군가의 말을 신뢰할 때 그 말의 내용 7%, 말투와 억양 38%, 표정과 자세와 몸짓 55%에 의해 그런 결정을 내린다고 주장했다. 말의 내용이 로고스라면 말투, 억양, 표정, 자세, 몸짓은 에토스다. 상대를 설득할 때 에토스가 압도적 비중을 차지한다는 것을 알 수 있다.

　세일즈 현장의 관리자들은 성실하고 꾸준한 사람이 세일즈의 승자가 되다고 입을 모아 말한다. 성실함과 꾸준함이란 미덕이 고객에게 비춰지는 세일즈맨의 에토스라는 것이다. 이제 우리는 전쟁에서 이기는 방법을 알고 있다. 길게 보고 꾸준히 활동해야 한다.

> **66**
> 최고의 설득 기술은 성실함, 꾸준함, 그리고
> 한결같은 태도이다. 영리함보다는 바보스러움이
> 이기는 전쟁이 바로 세일즈다.
> **99**

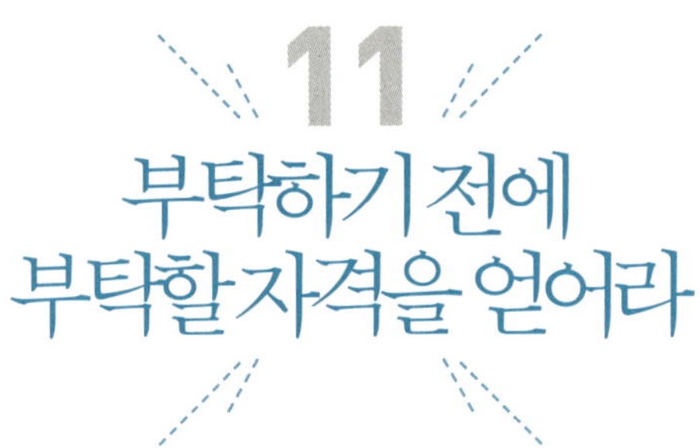

부탁하기 전에
부탁할 자격을 얻어라

우리는 무언가를 파는 사람들이다. 그런데 그 무언가를 팔기 전에 우리 자신을 판매하는 사람들이다. 첫 번째는 태도로, 두 번째는 대화로 그리 한다. 고객을 절대 바보로 보아서는 안 된다. 그들은 무언가를 샀던 경험이 많은 프로들이다. 그런데 그들은 편견을 가지고 있다. 자신의 첫인상이 진실이라고 생각하는 편견!

그들은 우리를 처음 본 순간 가졌던 생각을 좀처럼 고치지 않으려 한다. 이 대목이 우리를 무척 힘들게 한다. 예쁘고 잘생긴 사람이 영업을 잘한다는 것이 그런 편견 중 하나다. 그런데 만약 이것이 진실이라면 판매왕, 보험왕은 모두 미스코리아에 연예인 급이어야 한다. 하지만 현실은 그렇지 않다. 배 나온 아저씨에 동글동글한 아줌마 외모를 가진 이들이 판매 우수상을 독차지한다.

보험 영업을 예로 들어보자. 보험이란 자신의 미래에 생길지 모르는 불안 변수에 대한 대비책이다. 자신의 상황을 섬세하게 살펴보고, 시시각각으로 변하는 위험 상황에 즉시 대비해야 한다. 고객은 아무래도 성실하고 정성을 다하는 보험 영업자를 신뢰하게 되어 있다.

기억하라. 고객들은 편견을 가지고 늘 자신들이 옳다고 주장하는 사람들이다. 그들은 우리의 일거수일투족으로 우리를 판단하고 있다. 인사가 소통의 출발이면, 태도가 소통의 완성이라고 내가 줄기차게 주장하는 이유가 그것이다.

우리는 고객이 거절하는 이유를 잘 알고 있다. '돈이 없다, 시간이 없다, 이미 가입했다, 친척이 보험 일을 하고 있다. 보험이 필요 없다.' 등등이 그것이다. 모두 한두 번씩은 들어본 말일 것이다. 그런데 내가 보기엔 대부분 새빨간 거짓말이다. 보험을 가입하고 있더라도, 상황이 변함에 따라 늘 새로운 보험이 필요하다. 친척이 보험을 한다고? 친척이 보험을 해도 거래하지 않는 고객들이 대부분이고, 한 사람하고만 거래하는 고객도 잘 없다. 그렇다면 그들은 왜 이런 거짓말을 하는 걸까?

그들의 본심을 들어보자.

'난 당신과 보험 얘기를 하고 싶지 않아요. 당신이 누군지도 모르는데, 왜 보험 얘기부터 꺼내나요? 보험이란 한 번 가입하면 평생 가는 것 아닌가요? 이렇게 중요한 보험인데, 당신의 태도는 왠지 믿음이 가지 않는군요. 보험 가입했는데, 설계사가 그만둬서 낭패를 본 일이 한두 번이 아니라고요. 아무튼 난 당신을 못 믿겠어요.'

문제는 우리의 태도다. 우리는 태도를 통해서 고객에게 믿음을 주어야 한다. 다시 말해 태도를 통해서 소통해야 한다. 고객을 진심으로 존경하는 자세, 약속시간을 잘 지키는 것, 고객 맞춤형 메시지, 고객의 사소한 정보를 기억하는 것 등 소통의 기회는 여기저기 놓여 있다. 그것들은 다 무시하고 오로지 말로만 소통하려는 것은 또 다른 문제다. 일단 소통이 되면 고객을 힘들여 설득할 필요가 없다. 이것이 바로 에토스(Ethos)다.

세일즈를 하는 사람들은 고객을 설득하는 기법을 배우고 싶어 한다. 그런데 설사 누가 기법을 알려준다고 해도 이를 실전에 활용하기는 어렵다. 아는 것과 활용하는 것은 다르기 때문이다. 하지만 내가 생각하는 최고의 설득 기법이 있으니 바로 '부탁'이다.

나는 누군가를 설득할 능력이 없어서, 그 대신 부탁을 한다. 열 번 부탁하면 다섯 번은 성공한다. 확률이 매우 높지 않은가? 특별한 비법이 있는 것은 아니다. 시간을 넉넉히 가지고 상대방이 내 부탁을 거절할 수 없을 정도로 존중하고 잘 대해준다. 즉 부탁할 자격을 얻는 것이다. 사람들은 자신을 존중해주는 사람을 좋아하고, 이야기를 들어주고, 맞장구를 치려고 애쓴다. 나는 무언가를 부탁할 사람이 있다면, 오로지 그 사람만 생각하고 그의 모든 것을 기억하려고 애쓴다. 그리고 부탁한다.

'대접을 받으려면 먼저 대접하라.' 이것이 인간의 심리법칙이다.

부탁하는 그 순간에는 진심으로 부탁하고, 상대가 지나친 부담을 느끼지 않을 수준의 부탁을 한다. 고객은 결코 설득 당하지 않는다. 우리의 부탁을 들어줄 뿐이다. 내가 한 일은 부탁하기 전에 부탁을 거절하지 않도록 진심으로 소통하는 것이었다.

고객과 나 사이엔 소통의 기회와 소재가 넘쳐난다는 것을 기억하라. 가랑비에 옷 젖는다. 평소 고객과의 소통을 충실히 해놓았다가, 때가 되면 부탁하면 된다. 그들은 이미 알고 있다. 우리가 세일즈를 한다는 것을. 그들도 어느 정도는 마음의 준비를 하고 있는 것이다. 최고의 설득 기법인 부탁을 활용하기 위해서는, 먼저 부탁할 자격을 얻어야 한다. 그것은 태도에서 출발한다.

알면서 우리를 만나준다면 이미 어느 정도는 준비하고 있다는 것이다. 최고의 설득 비법은 부탁이다. 그러나 부탁할 자격을 먼저 가져야 한다. 그것은 태도에서 출발한다.

> 66
> 고객은 결코 설득 당하지 않는다. 부탁을 들어줄 뿐이다.
> 최고의 설득 기법 '부탁'을 활용하려면
> 먼저 부탁할 자격을 획득해야 한다.
> 99

02

Yes를 부르는 고객관리 전략

Sales communication

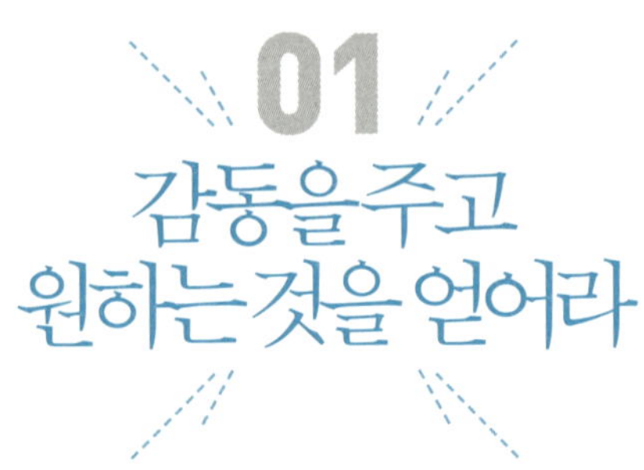

01 감동을 주고 원하는 것을 얻어라

인생은 기브 앤 테이크(Give & Take)

다. 무언가를 팔기 위해서는 투자를 해야 한다. 그래서 세일즈맨들은

전화하고, 만나고, 상담하고, 온갖 정성을 쏟는다. 그런데 잘 안 된다.

안 되는 것이 섭섭하고 억울하겠지만 잘 안 되는 것이 정상이다. 영업

이란 것이 그렇다. 그렇게 아낌없이 주었는데, 무엇을 더 베풀어야 할

까? 해도 해도 끝이 없다는 생각에 절망스럽다. 그런데 다시 한 번 생

각해보자.

어디 가서 물건을 사거나 서비스를 받았는데, 괜히 그 사람이 고맙고 감동하게 되는 경우가 있지 않은가? 그 물건 때문이 아니라, 그 사람 때문에 그곳에 다시 간 경험은 없는가? 그 사람은 그저 물건을 팔았을 뿐인데, 우리는 그 물건 외에 더 받은 것이 있기 때문이다. 그게 무엇일까? 파는 사람은 주지 않았는데, 우리는 받은 그것! 그것을 혹시 '선한 영향력'이라고 표현해도 될까? 종교적 느낌이 든다면 '호감', '영감'이라고 표현해도 좋다. 고객 스스로 알아서 받아가는 것, 그것은 물건이나 서비스를 판매하는 사람의 태도에서 비롯된 것이다.

이쯤에서 석가모니 얘기가 나와 주는 것이 좋을 듯하다.

어느 날 한 남자가 석가모니를 찾아와 호소했다.

"저는 하는 일마다 제대로 되는 게 없으니, 이 무슨 이유입니까?"

"그것은 네가 남에게 베풀지 않기 때문이다."

"저는 빈털터리라 아무것도 베풀 수 없습니다."

"아무 재산이 없더라도 줄 수 있는 게 일곱 가지나 있느니라."

"그것이 무엇입니까?"

"바로 무재칠시(無財七施)니라. 이를 진실되게 행하면 하는 일이 모두 순조로워지리라."

석가모니는 괜히 석가모니가 아니다. 천천히 음미할수록 기기 막힌 소통의 비결이 숨어 있다. 일곱 가지만 실천하면 하는 일이 순조로워진다는 것 또한 공염불이 아니다. 당신이 지금 만나는 고객에게 이것의 반만이라도 한 적이 있는가 말이다. 대표적인 세일즈인 보험을 생각해 보자. 철저히 관계영업으로 이루어진다. 타인과 관계가 좋은 사람이 잘되는 사업이라는 것이다.

'무재칠시'를 실천하여 타인과 관계가 좋아지면 당연히 영업이 잘될 것이다. 좋은 태도가 성공을 부른다는 것은, 우리 모두 알지만 실천을 하지 못했던 성공의 시크릿이다. 그래서 가장 멀고 힘든 여행이 '머리에서 가슴까지의 여행'이라고 하는가 보다.

　나에게 호의적인 사람에게 호감을 느끼는 것은 당연하다. 고객을 대하는 태도가 좋아지면 나의 매력지수가 높아지고 경쟁력이 높아진다. 언제까지 외모 타령만 하고 있을 것인가? 나의 태도를 그 누구보다 뛰어난 장점으로 키울 수 있다.

> **66**
> 기브 앤 테이크(Give & Take)의 법칙, 그런데
> 주는 것도 받는 것도 결코 눈에 보이는 것들이 아니다.
> **99**

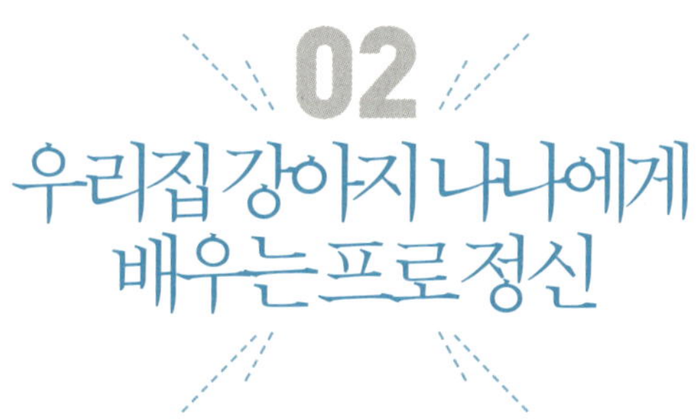

나나는 우리집 강아지다. 나는 나나와 지내면서 배우는 것이 많다. 나나는 의미 없이 하는 행동이지만 나는 무릎을 친다. 가끔 나와 아내, 나나 이렇게 셋이서 외출을 한다. 잠시 둘을 두고 편의점에 생수를 사러 가기도 하는데, 나나는 멀리서도 나를 보고 달려와 이산가족 상봉하듯 반긴다. 내 다리를 부여잡고 깡충깡충 뛰면서 좋아한다. 단지 5분 전에 헤어졌을 뿐인데. 그런데 그 반김에는 과장이나 거짓이 없다. 진심으로 나를 좋아한다는 것을 머리가 아니라 가슴으로 느낄 수 있다.

나나를 보다가 문득 이런 생각이 들었다. "내가 너를 어찌 좋아하지 않을 수 있으랴. 네가 이렇게 나를 좋아해주는데." 그리고 '이런 느낌을 누군가에게 줄 수 있다면'이라는 생각이 이어진다. 상상해보라. 내가 누군가를 좋아하고 반가워하고 존경하는 느낌을 전달할 수만 있다면 세일즈 프로세스에서 말하는 '친숙'은 끝난 것이다. 그렇다면 '어떻게' 진심을 전달할 것인가가 중요하다.

방법은 간단하다. 딱 두 가지만 하면 된다.

첫째, 그 사람을 진심으로 좋아해라.

물론 쉽지 않다. 우리는 마음속에서 미리 사람을 판단하고 고정관념을 만든다. 섣부른 기대를 하지 말고, 그저 사람을 만나는 것을 즐기는 것이 좋다. 중요한 것은 기대를 하지 않는다는 것이다. 기대하면 계산적이 되어 그 사람을 순수하게 좋아하기 어려워진다. 이 타이밍에서 '사람만 좋아하면 다냐?'는 질문이 나오는 것이 자연스럽다.

필자의 대답은 "그렇다."이다. 영업은 확률을 파는 직업이다. 그런데 그 확률을 파는 직업에도 확률이 필요하다. 일명 '깔때기 이론'이다. 많은 사람을 만나야 그중에서 유망고객이 추려지고 그 유망고객 중에서 고객이 탄생한다. 고객은 다시 충성고객으로 업그레이드된다. 그 확률

은 얼마나 될까? 내가 만난 고수들은 아무리 많아도 10%를 넘지 않는다고 한다. 100명을 만나면 그중 10명 정도가 계약할 확률이 있다는 뜻이다. 되도록 많은 사람을 만나야 할 이유가 이것이다.

그런데 아시다시피 사람을 만나는 일은 피곤하다. 왜 피곤한지 자세히 돌이켜본 적이 있는가? 혹시 기대감이 크기 때문은 아닐까? 그저 순수한 마음으로 사람을 대해야 한다. 진심은 통하게 되어 있다. 내가 우리 나나를 좋아하는 이유는 진심으로 나를 좋아해주기 때문이다. 강아지에게도 배울 것은 배워야 한다. 내가 볼 때, 나나는 진정한 프로다. 사람을 자기편으로 만들 줄 아는 프로!

이제 나머지 한 가지 방법을 알려주겠다.

둘째, 나를 진심으로 좋아해라.

세일즈를 잘하려면 자신을 사랑해야 한다. 이런 이야기는 아마 내가 처음일 것이다. 내 경험으로 보자면 타인과 관계가 좋지 못한 사람은 대부분 자기와의 관계도 좋지 못하다. 자기를 미워하는 사람은 결코 타인을 사랑할 수 없다.

가끔 '왜 나만 미워하는지 모르겠다.'는 사람들을 만난다. 이 책의 독자 여러분은 그 답을 알 것이다. 아마 오래 전부터 누군가에게(대개는 가까운 사람들이다) 받은 상처로 인해 자신을 미워하게 되었을 것이다. 이런 상처를 치유하는 데는 시간이 많이 걸리지만, 자신을 위로하고 칭찬해 주는 것만으로도 효과가 있다.

자신과 긍정적인 대화를 자주 나누자. "나는 할 수 있어. 괜찮아, 이 정도면 됐어. 이제 그만, 나는 나를 컨트롤할 수 있어." 이렇게 나를 다독이다 보면 어느새 여유가 생긴다. 다른 사람을 진심으로 좋아할 수 있는 여유 말이다.

내가 고객을 먼저 좋아하면 고객도 나에게 호감을 갖는다. 확실하다. 그리고 그 전에 나를 먼저 좋아해야 한다. 그래야 자신감이 붙고 사람 만나는 것이 두렵지 않다. 기대하지 말고 그냥 만나라. 무책임한 소리 같지만, 그렇게 만나다 보면 가망고객이 생기게 마련이다. 내가 굳이 말하지 않아도, 그들은 내가 무엇을 하는 사람인지 이미 알고 있음을 기억하자!

> **66**
> 뭔가를 기대하지 말라. 쓸데없는 대화와 만남을 즐겨라.
> 돌멩인 줄 알았는데 금덩어리로 변하는 기적이 일어난다.
> **99**

이 말하지 않아도, 그들은 내가 무엇을 하는 사람인지 이미 알고 있음을 기억하자!

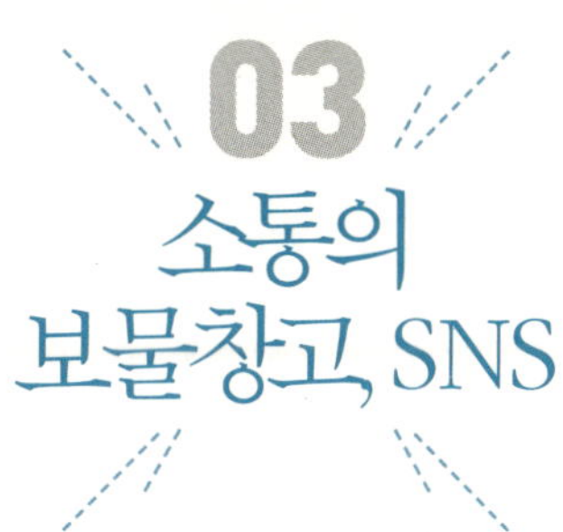

나는 자기 전에, 혹은 잠시 시간이 날 때마다 카톡, 카카오스토리, 페이스북을 보곤 한다. 무엇보다 재미있기 때문이다. 전화번호를 저장하면 카톡이 뜨고 카카오스토리(이하 카스로 칭함)로 연결된다. 심지어 페이스북엔 친구 추천이 뜬다. 카톡에 새로운 사람이 뜨면 그의 사진과 짧은 멘트를 꼭 본다. 유심히 보면 현재 그 사람의 심경이 보인다. 카카오스토리엔 그 사람의 성향이나 나이 등 알짜 정보가 넘쳐난다. 여러분도 유심히 살펴보라. 당신과 그와의 연결고리가 드러나니까.

지인이 여행을 다녀왔나 보다. 카스에 여행지 사진을 잔뜩 올려놓았다. 그리고 주저리주저리 뭐라 써놓았다. 그렇게 한 이유가 무엇이겠는가. 자랑하고 싶은 것이다. 누가 알아주었으면 하는 심리다. 꼭 기억해야 할 것이 있으니, 사람은 칭찬에 약하고 자주 외로워하는 존재라는 것! 게다가 인정과 존중에 목말라 있는 세상이다. 다 잘난 사람이고 싶고, 무언가 남에게 자랑하고 싶어 한다.

지인의 SNS를 보는데 '추천'이나 '좋아요'가 별로 없다 싶으면 무조건 눌러주는 것이 매너고 도리라고 생각한다. 귀찮을 수도 있고 내키지 않을 수도 있다. 그럴 때는 눈 꾹 감고 그냥 눌러라. 가랑비에 옷 젖는다는 말이 있다. 이런 작은 활동이 '소통'이다. 소통이 뭐 대단한 거라고 생각하지 말길 바란다. 평소의 관심이고, 그것을 표현하는 것이다. 상대가 그것을 알아주면 소통이고 몰라주면 소통을 위한 노력이다. 상대가 알아줄 때까지 습관적으로 하면 되는 것이다. 이것이 에토스를 강화하는 방법이다.

누군가의 SNS를 보다 보면 그 주인공을 만났을 때 훨씬 빨리 친해질 수 있다. 나는 누군가를 만나기 전에 항상 그의 SNS를 살펴본다. 그러면 그에게 물어볼 것이 많아지고, 그는 대답할 것이 많아진다. 나는 질문을 하고 그는 자랑을 하는 것이다. 나는 그 자랑을 들어주기만 하면 된다. 그뿐이다, 그 사람과 친해지는 방법은. 이제는 그런 행동이 습관이 되었고, 그 습관이 나에게 좋은 피드백을 주었기 때문에 나의 한 부분으로 고착되었다고 본다.

카카오스토리로 보는 고객 유형과 응대법

1. 본인의 얼굴만 많이 올린 사람

자기주장이 강하고 남에게 자신을 드러내고 싶은 과시욕이 큰 사람이므로 능력과 외모를 칭찬해주는 것이 좋다.

2. 가족사진 위주로 올린 사람

가족이 화목하고 가족을 자랑하고 싶어 하니, 가족의 칭찬을 많이 하는 것이 효과적이다.

3. 음식 사진만 올린 사람

허세가 있는 편이다. 좋은 식당이나 음식에 대한 정보를 물어보면 좋아하므로 효과적으로 대화를 이끌어갈 수 있다.

4. 꽃이나 풍경만 올리는 사람

뭔가 숨기고 싶거나, 자신에 대해 불만이 있거나, 혹은 자신을 드러내는 것을 싫어하는 경향이 강하다. 먼저 아는 척을 자제하는 것이 좋다.

믿거나 말거나 하는 유형 분류지만, 누구든지 SNS를 유심히 보면 그에 대해 많은 정보를 알 수 있다는 것은 확실한 사실이다. 나태주 시인은 '자세히 보면 예쁘다.'고 했고, 김대현은 '자세히 보면 계약이 된다.'라고 한다. SNS에 힘들여 무언가를 올린다는 것은 자기를 알아달라는 소리 없는 아우성이다. 우리는 그것을 알아주기만 하면 된다. '좋아요'를 꾹꾹 눌러주자. 거침없이 누르자. 생각 없이 누르자. 꾹꾹 누른 '좋아요'가 계약이 되어 돌아온다.

친구 신청 역시 내가 먼저 해야 한다. 이것이 SNS 영업이다. 신청을 받아주든 말든 그건 신경 쓰지 말자. 받아주면 좋고, 안 받아주면 그 사람이 사람 볼 줄 모르는 것이다. SNS 세상에서도 거절이 존재한다. 그 사람이 친구 신청을 받아주지 않는 이유는 100가지도 넘는데, 까였다고 생각하는 바보가 되지는 말자.

언제 어느 구름에서 비가 내릴지 모른다. 하루 10분이면 할 수 있는 일이므로 일종의 영업이고 투자라고 생각하자. '가끔은 내가 왜 이걸 해야 하나'라는 자괴감이 들 수도 있다. 그렇다면 이 질문에 답해보라.

'누가 부탁을 한다. 그런데 그는 평소에 내게 관심을 보여주던 사람이다. 이 경우에 관심이 부탁을 들어주는 데 도움이 안 될까?' 역시 에토스다. 이것이 SNS로 고객과 꾸준히 소통해야 하는 이유다.

기억하라. 전화번호를 저장하는 순간부터 우리의 소통은 시작된다.

세일즈란 평소에 잘하는 것이 매우 중요하다. 하루 10분만 이용하면 평소에 잘하는 사람이 될 수 있다.

> 66
> SNS에 무언가를 올리는 것은
> 자기를 알아달라는 소리없는 아우성이다.
> 우리는 그것을 알아주기만 하면 된다.
> 99

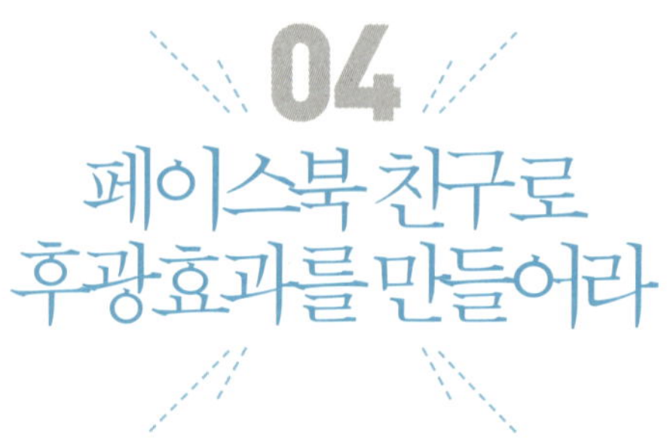

페이스북 친구로
후광효과를 만들어라

후광이란 무엇인가? 예수님과 부처님의 모습 뒤에 비친 빛이다. 사람들은 어떤 현상에 현혹되면 그로 인해 전체를 좋게 보려는 경향이 있는데, 이를 후광효과(Halo Effect)라고 한다. 대표적인 것이 외모다. 아름다운 외모를 가진 사람을 더 지적이고 세련되고 능력 있는 사람으로 보는 경향이 있는데, 이는 오랫동안 실험을 통해 입증이 된 사실이다.

많은 사람들이 그렇게 TV에 나오고 싶어 하는 이유 또한 후광효과 때문이다. 나 역시 그렇다. 솔직히 말하면 방송을 타기 전이나 타고 난 후나 내 강의에는 별 차이가 없는데 사람들의 반응은 확연히 차이가 난다. 방송이 주는 신뢰감이 나를 전문적이고 믿을 만한 사람으로 만든 것이다. 이는 광고 효과에도 똑같이 적용된다. 사람들은 광고에서 본 상품을 더 믿는 경향이 있다.

예를 들어 외제차를 탄 사람이 나에게 길을 묻는 경우와 경차를 탄 사람이 묻는 경우, 나의 목소리 톤이 달라진다. 내가 속물이어서 그럴 수도 있겠지만, 이런 후광효과는 아주 일반적인 현상이다. 그러니 '후광효과'라는 말도 만들어지지 않았겠는가. '예쁘고 잘생긴 것이 능력이 되는 더러운 세상! 외모지상주의가 팽배한 세태!'라 욕하지 말라. 조선시대에도 그랬고, 앞으로도 그럴 것이다. 이게 다 후광효과 때문이다.

나는 SNS의 후광효과를 톡톡히 보는 사람들 몇 명을 알고 있다. 그 주인공들은 페이스북의 친구가 어마어마하다. 일반인인데 팔로워 수가 몇 백 명이고 '좋아요'를 눌러주는 사람이 몇 십 명이라면, 이상하게 뭔가 있어 보이지 않는가? 그런 사람들을 다 분석한 것은 아니지만, 일단 그들은 상당히 개방적이라는 특징이 있다. 친구 신청도 먼저 하는 경우가 많다.

최근 나에게도 잘 모르는 사람들이 친구 신청을 하는데, 과거에는 수

락 여부를 고민했지만 이제는 막 수락한다. 나도 팔로워를 늘리고 싶은 욕구가 있기 때문이다. 내게 친구 신청을 하는 사람들을 보면 대부분 기존 친구 수가 2~3백 명은 족히 된다. 하긴 요즘엔 신입사원을 뽑을 때도 SNS를 참고한다고 한다. 친구나 팔로워가 많으면 아무래도 영향력 있는 사람으로 보이기 마련이다.

당신의 고객 입장에서 보자. 최근에 보험 권유를 받았는데, 영업하는 사람의 페이스북을 보니 친구 수가 엄청나게 많다. 그중엔 이름을 알 만한 유명인들도 꽤 있다. 아무래도 보험을 수락하는 데 도움이 되지 않겠는가?

SNS 상에서 만들어진 후광효과는 당신의 노력 여하에 따라 오프라인으로 확장할 수 있다. 물론 이 모든 것은 당신의 선택이지만, 이보다 더 효율적인 영업 수단은 없다는 것이 내 판단이다. 그리고 SNS 활동을 하는 것만으로도, 소극적인 마인드를 바꾸는 계기가 된다. 기왕 할 거면 적극적으로 하자. '고객 특화, 시장 차별화'란 허상에서 벗어나자. 이슬만 먹고 살 수 있다면 좋겠지만 세상은 그렇게 만만치 않다. 일단은 다 걸쳐 놓는 것이 중요하다. 그래야 살아남는다.

> **"**
> 당신의 페이스북 친구는 몇 명인가? 세상 사람들은
> 당신의 페이스북 친구로 당신을 평가한다.
> **"**

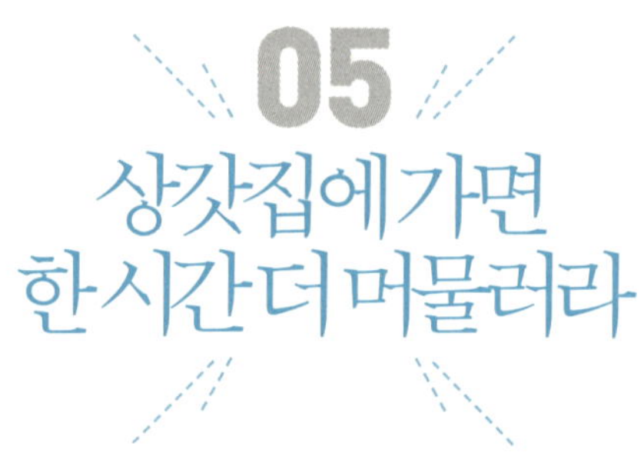

2015년 6월 우리나라를 뒤덮은 메르스 사태, 당시엔 그 공포감이 얼마나 크던지 모든 모임과 행사가 취소되고 사람들은 집밖에 나오지 않았다. 그런데 메르스가 창궐하던 그 시기에 환영 받지 못한 사람들이 있었으니 결혼식이나 고희연, 돌잔치를 한다고 알려온 사람들이다. 그리고 더 안타까운 경우는 상을 당한 사람들이었다. 병원이 메르스의 온상이라는 생각 때문에 병원이 아닌 일반 장례식장이 특수를 누리기도 했다.

하필이면 필자에게도 그 6월에 상갓집에 가야 할 일이 생겼다. 만의 하나 내가 격리대상이 된다면 그야말로 생계에 심각한 타격을 받을 것이므로 고민을 하지 않을 수 없었다. 오전 10시에 부고를 받았는데, 방송으로 연결된 지인이라 무조건 가야 한다고 판단했다. 11시에 장례식장에 도착해 조문을 하고 상주와 손을 붙잡고 고인 이야기를 하며 함께 울고 돌아가려는데, 너무 썰렁한 상갓집 풍경이 마음에 걸렸다.

그냥 돌아서 오기가 뭐해서 조의금을 받는 자리 옆에 앉아 시간을 보내다 보니, 방송 지인들이 오기 시작했다. 경황이 없는 상주 대신 음식도 나르고, 조문객을 접대하다 보니 어느새 오후 세 시다. 이제는 슬슬 가야 한다는 생각에 기회만 보고 있는데, 상주가 오더니 본인도 처음 겪는 일에 김 소장이 이렇게 도와주니 너무 고맙다고 인사를 한다. 그 말에 이대로 가는 것은 사람의 도리가 아닌 듯해서, 오후 약속을 취소하고 본격적으로 상주 역할을 하기 시작했다.

저녁이 되자 더 많은 분들이 오셨다. 사정을 잘 모르시는 분들은 나와 상주가 친척이라고 착각할 정도였다. 그렇게 시간을 보내다 보니, 새벽 두 시가 되었다. 아버지 돌아가신 후로 이렇게 상갓집에 오래 머물러본 적이 없었다. 몸은 피곤했지만 마음은 무언지 모를 느낌으로 뿌듯했다.

세일즈, 특히 보험 세일즈란 어차피 고객과 기쁨과 슬픔을 함께 나누는 일이 아니겠는가. 상을 잘 치른 지인은 '앞으로는 동생처럼 생각하겠다.'는 말을 덧붙이면서 진심으로 고맙다는 인사를 전해왔다. 뭔가를 바라고 한 일도 아니고 바랄 것도 없지만, 슬픔을 함께 나눴다는 동지 의식 때문에 그분과 한층 가까워진 느낌이 들었다. 앞으로 살다가 내가 그분의 도움을 받을 일이 왜 없겠는가.

이렇게 서로가 서로의 보험이 되어주는 인간관계를 구축하는 것이 인맥 영업이 아닌가 싶다. 실제로 그 일 이후로 지인이 나를 대하는 모습에서 진심이 느껴지고, 더 자주 만나 담소를 나누는 사이가 되었기 때문이다. 보험 영업을 하다 보면 고객이 정말 어려운 일을 당하는 경우와 직면한다. 이럴 때 어떻게 행동하느냐는 아주 중요한 문제다.

보험의 본질은 고객이 어려울 때 도움을 주는 것이다. 보험금은 경제적 도움을 주지만, 마음의 위로를 주는 일은 사람의 미션이라고 생각한다. 내가 만난 보험 고수들의 공통점 중 하나가 고객이 어려운 일을 당했을 때, 진심으로 혹은 약간 오버해서 고객을 위로해주는 것이 습관이 된 것이다.

예를 들면 상을 당했을 때 발인까지 함께 한다거나, 병원에 입원했을 때 맛있는 간식을 사 들고 자주 방문한다거나 하는 일이다. 고객의 마음도 위로하면서 나를 알리는 절호의 찬스를 놓쳐서는 안 된다. 보험관리자들은 요즘 세일즈맨들은 지식은 뛰어난데 마음이 따뜻하지 못하다고 평가한다.

이 말은 운 좋게 계약을 성사시키더라도, 이후 소개라든가 추가 계약이 나오지 않는다는 말도 된다. 계속 신규 고객을 찾는 것은 소모적이고 비효율적이다. 헤매다 지쳐서 포기하는 악순환의 근본 원인이 이것이다.

조선 최고의 거상 임상옥이 '장사는 사람을 남기는 것이다.'라고 말한 의미를 어렴풋이 알 것도 같다. 이익을 남기는 것이 장사라고 생각하는 것은 너무 단세포적 발상이다. 현대의 세일즈 역시 시간을 투자해 사람을 얻는 것이 기본이다. 고객이 어려움에 처했을 때 '한 번 더'의 마음가짐으로 응대하는 것이 성공의 비밀이다.

모두가 가기 싫어하는 곳에 한 번 더 가고, 하기 싫어하는 일을 한 번 더 해보자. 이 정도면 됐다는 생각이 들 때 한 번 더 찾아가자. 이런 '한 번 더'에서 뭔가가 이루어질 가능성이 크다. 하고 싶은 일을 '하나' 하기 위해서는 하고 싶지 않은 일을 '아홉' 해야 한다는 말이 있다. 사람이 어찌 좋은 일만 하고 살겠는가. 세일즈는 관계이고, 그 관계를 좋게 하고 오래가도록 하고 싶다면 하고 싶지 않은 일을 기꺼이, 즐겁게, 확실하게 해야 한다.

상갓집에 한 시간 더 머무는 습관을 가지자. 고객을 한 번 더 방문하자. 1g를 더 들면 금메달을 따는 역도선수처럼 한 시간 더 머물고, 한 번 더 방문하고, 한 번 더 보낸 문자가 세일즈의 출발점이다.

> **“**
> 세일즈란 하기 싫은 일을 꾸준히 할 때, 그리고 남들보다
> 한 번 더 할 때, 반드시 그 대가를 지불해준다.
> **”**

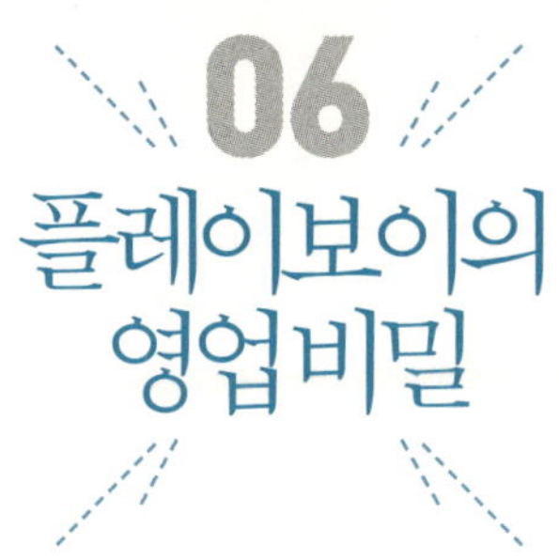

플레이보이의
영업비밀

살면서 정말 궁금했던 것 중의 하나가 이거다. 잘난 것도 없고 가진 것도 없는 친구 놈 하나는 항상 여자가 끊이지 않았다. 이름하여 플레이보이의 영업 비밀, 나는 그 새끼의 노하우가 미치도록 궁금했다.

잘나서 여자가 많으면 기꺼이 인정하겠다. 그런데 아무리 봐도 내가 더 잘났는데(?) 나는 늘 외롭고 그 녀석은 화려했다. 그놈은 지금 어디서 무얼 하고 사는지 잘 모르겠지만, 여자 때문에 힘들게 살기를 바라는 마음도 조금은 있다.

도대체 뭘까? 연애시장에서는 왜 빈익빈 부익부 현상이 적용될까? 대학에 간 다음엔 닥치는 대로 연애소설을 읽고 여자 꼬시는 노하우를 가르쳐주는 책을 열심히 들여다보아도 변하는 것은 아무것도 없었다. 그렇다고 그 바람둥이들이 한 여자를 진정으로 사랑하는 것 같지도 않았다. 난 사랑하는 여자를 만나면 목숨까지 바칠 수 있다고 생각했는데, 어쩌다 소개팅한 여자가 마음에 들면 그쪽에서 나를 거절했다.

어렵게 전해들은 그놈들의 노하우는 대충 이랬다.

먼저 집적거린다. 여자가 하는 말을 잘 들어준다. 포기하지 않는다. '열 번 찍어 안 넘어가는 나무 없다' 정신으로 계속 들이댄다. 그놈들이 성의 없이 흘린 노하우는 아무리 실천하려 해도 잘 안 되었다. 끝내 내 팔자에 여자는 없는 거라고 스스로를 위로하며, 오랜 시간을 착실하고 외롭게 살아왔다.

그런데 최근에 아주 좋은 얘기를 듣게 되었다. 이 얘기를 너무 늦게 들은 것이 어쩌면 내 인생에 있어서 다행이란 생각을 하며 천하의 플레이보이가 알려준 여자 꼬시는 법을 소개하고자 한다. 그가 알려준 노하우는 너무 간단했다.

마음에 드는 상대가 나타나면 "정말 미인이시네요, 차 한 잔 하고 싶은데."라고 말하면 된단다. 이게 무슨 자다가 봉창 두드리는 소린가? 그 말을 듣는 순간, 내 손에 들린 노가리로 그 녀석을 때릴 뻔했다. 하지만 참고 되물었다.

"그러면 여자들이 '좋아요' 하고 차 마시러 가냐?"

"물론 미친놈이라고 하는 여자도 있고, 대꾸도 안 하는 여자도 있지."

"그런데?"

"그런데 말이야, 50명에게 그런 말을 하면 2명 정도는 반응을 보이거든. 그러면 차 마시는 거야."

"그게 뭐야, 장난해?"

"아니 형, 끝까지 들어봐. 48번 거절당하는 것만 아무렇지 않게 여기면, 여자 꼬시는 건 일도 아닌 거라고. 이제 알겠지?"

참으로 어이없는 노하우지만 뭔가 생각을 해보게 하는 말이었다. 그렇다면 나의 문제는 성공할 만큼 많은 시도를 하지 않았다는 거다. 나는 왜 그랬을까? 아마 한두 번의 거절이 나를 소심하게 만들었고, 시도 대신 노하우만 찾아 헤매다 청춘을 다 지나 보낸 것이라는 결론에 도달했다.

내가 부러워한 바람둥이들은 그 자리에 서기까지 수많은 굴욕을 당했던 것이다. 과정은 생각하지 않고, 결과만 부러워했다는 반성을 하게 되었다. 그렇다. 잘되는 것에는 다 이유가 있다.

이 바람둥이의 노하우를 세일즈의 문제로 바꿔보자. 판매왕은 수많은 거절을 당하고 또 당해도 포기하지 않고 끝까지 시도한 결과일 것이다. 우리는 얼마나 많은 시도를 했으며, 얼마나 많은 거절을 당했는가? 자신이 현재 서 있는 자리는, 그동안 내가 얼마나 거절을 극복했느냐의 결과가 아닐까?

앞으로 더 많이 들이대고 더 많이 거절당해야겠다고 다짐해본다. 지금의 내 모습도 내가 원하는 그 모습은 아니기 때문이다. 아직은 아니다. 나는 아직도 배고프다.

그러니 나에겐 아직도 거절이 더 필요하다.

> 66
> 더 많이 들이대고 더 많이 거절당해라. 가장 큰 성공을
> 거둔 사람은 가장 많이 거절당한 사람이다.
> 99

07 거짓말 잘하는 세일즈맨이 환영 받는다?

사람의 뇌는 진실과 거짓을 구분하지 못한다고 한다. 근거 있는 통찰이다. 사람은 자신에게 유리한 쪽으로 생각하고, 자신에게 좋은 말을 해주는 사람에게 호감을 갖는다.

또한 사람들은 옳은 말을 하는 사람보다 듣기 좋은 말을 하는 사람에게 끌린다.

우리는 살아오면서 이것들을 수없이 경험했다. 역사적으로 봐도 직언을 한 충신보다 간신들이 더 득세했다.

세일즈의 꽃이라고 하는 보험 영업에 종사하는 사람들은 여성이 월등히 많다. 거의 90%일 것이라 생각한다. 그 이유는 무엇일까? 나는 그 답을 여성의 특징에서 찾는다. 여성은 관계를 중시한다. 오랜만에 친구를 만난 상황을 가정해보자. 남자들이라면 "야, 오랜만이다. 어떻게 지냈냐?"란 말로 시작하지만, 여성은 "어머, 너 몰라보게 예뻐졌다."로 시작한다. 그러면 친구도 "너 다이어트 한 거야? 엄청 날씬해졌네."라고 맞장구친다. 이런 뻔한 대화를 옆에서 듣고 있노라면, 여성들의 예쁘고 날씬하다는 기준이 뭔지 상당히 궁금해진다. 그래서 나는 여자들에게 눈 깜짝 않고 거짓말하는 능력이 있다고 생각한다. 그런데 이 능력이 보험 영업에 최적이다. 대화를 기분 좋게 시작하라는 영업의 철칙에 딱 들어맞는 것이다. 여자가 여자를 만나 예쁘다고 하는 말은 진실이 아닐 확률이 높다. 그런데 그 거짓말이 상대를 기분 좋게 한다.

나는 보험회사에서 강의할 때마다 FC(FP)에게 거짓말을 잘하라고 말한다. 정확하게 말하자면 거짓말이 아니고 빈말, 즉 칭찬이다. 보험은 진실이지만, 고객과 친해질 때는 빈말도 필요하다. 빈말을 잘하는 것도 능력인데, 이것은 충분히 연습으로 가능하다. 필자의 짧은 방송 경험을 대입해 봐도 그렇다. 솔직히 방송 대기실은 거짓말의 향연이 펼쳐지는 곳이다. 마음에 없는 말들과 칭찬이 오간다. 그런데 가끔 지적질을 하는 사람들도 있다. 물론 기분이 팍 상한다.

　나는 방송국에서 만나는 여성들에겐 무조건 예쁘다는 인사를 하고 같이 사진을 찍는다. 방송을 너무 잘하신다는 빈말도 간간이 섞는다. 당신이 방송을 다 살린다고도 한다. 그 사람도 내게 비슷한 말을 한다. 나는 내게 좋은 말을 해주는 사람들에게 호감을 느낀다. 이것이 세상이고, 살아가는 이치라 생각한다.

김대현의 거짓 혹은 진실

• 세일즈를 성공시키는 마법의 주문, 거짓말

　여성 고객 : 미인이십니다. 지적이시네요. 현명하십니다. 열 살은 더 어려 보이십니다. 피부가 참 좋으시네요.

　남성고객 : 잘 생기셨습니다. 능력 있으시네요. 존경스럽습니다. 대단하십니다. 덕분에 많이 배웠습니다.

• 행복한 가정을 원한다면, 집에 들어가는 순간부터 진실을 말하지 말라.

• 끈기 없는 자녀를 만들려면 진실을 말하면 된다.

　"넌 참 끈기가 없는 아이구나."

　나는 내 나이 또래의 남자에 비해 아내와 사이가 좋다. 그 이유 중 하나가 빈말일 것이다. "예쁘다, 맛있다, 당신은 내 인생 최고의 선물이다."라고 마구 던진다. 아내도 지지 않는다. "당신이 방송 다 살렸다. 당

신 참 대단하다."고 한다. 그런 말을 들으면 기분이 좋아지고, 더 잘하고 싶은 마음이 불끈 솟는다. 이것이 바로 거짓말, 아니 빈말의 효과다. 세일즈란 사람과 빨리 친해질수록 성과가 나는 직업이다. 그러려면 거짓말에 능해야 한다. 속이려는 거짓말이 아니라, 속는 줄 알면서도 기분 좋은 거짓말 말이다.

좋은 거짓말이나 빈말에 대한 거부감은 빨리 버릴수록 좋다. 진실은 사람의 마음을 바꾸지 못한다. 내가 힘들었을 때 나를 일으켜 세운 것은 진실이었을까, 거짓이 섞인 칭찬이었을까? 필자는 확신한다. 거짓말은 세상을 살아가는 데 아주 중요한 능력임을.

이제 누구를 만나든 거짓말부터 해라. 거짓말이라기보다 '립 서비스'라고 생각해라. 돈도 들지 않으니 얼마나 좋은가. 고객과의 친밀감을 늘리는 활동 중에 이만한 것이 없다. 혼자서 열심히 하다가 곧 지치게 되는 활동은 비효율적이고 재미도 없다. 당신의 립 서비스에 고객은 곧바로 반응한다. 그 반응을 즐겨라. 고객의 태도가 변하는 즐거움을 느껴라. 그래야 오래간다.

거짓말에 대한 당신의 고리타분한 생각만 바꾸면 된다. 고객의 속마음은 이렇다. "내게 거짓말을 해줘. 사는 게 너무 힘들어서 위로 받고 싶어, 나도 칭찬 받고 싶다고."

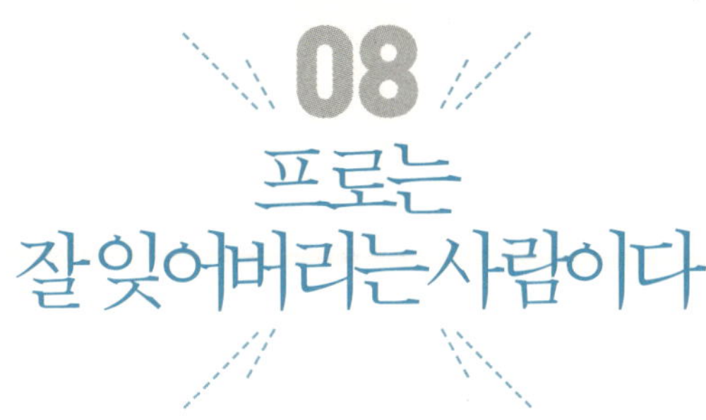

많은 세일즈맨들이 프로가 되고 싶다고 한다. 프로란 무엇일까?

이쯤에서 다시 우리 집 강아지 '나나'를 소환하려고 한다. 앞에서 이미 나나가 프로라고 말했다. 나나를 통해 프로답다는 것이 어떤 것인지 좀 더 자세하게 알아보자.

일단 프로는 늘 한결같다.

가족들 누구든 외출했다 돌아오면 그렇게 반갑게 반길 수가 없다. 차

별도 하지 않는다. 나를 반기는 나나를 보면 피로감이 확 풀리면서 나의 존재감을 느낀다. 누구를 만나든 편견 없이 반가워하고 존중하는 태도는 세일즈의 기본이다.

두 번째, 프로는 절대 손해 보지 않는다.

가끔 나나가 졸리거나 자고 있을 때 건드리면 엄청나게 신경질을 부리고 심지어 살짝 물기까지 한다. 처음엔 당황했지만, 이제 잘 때는 절대 건드리지 않으려고 노력한다. 그런데 머리가 나쁜 것인지 일부러 기억하지 않는 것인지 모르겠지만, 주인에게 신경질을 내고는 1분도 안 돼서 내 앞에 와서 애교를 부린다. 특히 용변을 제자리에 보고서는 내게 간식을 달라고 뽀뽀를 하고 다리를 긁고 애교를 부리느라 난리가 아니다. 프로다, 정말 프로다. 하긴 꽁하고 있어봐야 저만 손해다. 나는 아쉬울 것이 없다.

살다 보면, 특히 세일즈를 하다 보면 서운한 감정이 들 때가 한두 번이 아니다. 아직 내 마음이 강하지 못해서일 것이다.

세 번째, 프로는 잘 잊어버리는 사람들이다.

당신도 제 성질에 못 이겨 밥상을 엎어버린 경험이 있을 것이다. 물론 나도 많다. 그런데 어쩌면 내가 오해를 한 것일 수도 있다는 생각을 해보진 않았는가. 약한 내 마음이 자의적으로 해석하고 내 멋대로 상상해서 마음속 괴물을 키우고 있는 것일 수도 있다. 잊어버려야 다시 찾아갈 텐데, 다시 찾아가면 상황이 바뀌어 있을지도 모르는데, 그걸 하지 못하고 마음속에서 주변의 사람들을 한 명씩 떠나보낸다.

오늘 겁쟁이 괴물, 아마추어 괴물을 내 마음에서 쫓아버리는 것은 어떤가. 황야에서 나를 돕는 것은 결국 나 자신뿐이므로.

자주 약해지고, 잘 삐지고, 멋대로 상상하는 나이지만 마음 한구석에는 프로가 되고 싶다는 욕망이 있다. 그럴 때마다 우리집 강아지를 생각한다. 프로는 자고 일어나면 어제의 나쁜 기억을 잊어버리는 사람이라고 말하고 싶다. 나쁜 감정과 상처를 모두 잊어버리고, 다시 시작하는 사람들이다.

> **66**
> 프로는 한결같은 사람, 절대 손해 보지 않는 사람,
> 그리고 잘 잊어버리는 사람들이다.
> **99**

셀프 거절이라는 비극

금요일 저녁, 가끔 연락을 주고받던 보험사 FP에게 카톡이 왔다. 아래는 우리의 대화 내용이다.

"연금보험 하나 가입하실래요? ㅎㅎ"

"갑자기 웬 연금보험이요?"

"네, 오늘 청약철회를 당해서 당황스럽고 허탈한 마음에 그냥 한번 해본 소리예요. 죄송해요."

"에고, 속상하시겠네요."

"네, 기차 타고 세 번이나 지방까지 다녀오고 공들였는데 마감을 앞
두고 철회를 당하니 많이 허탈하네요."

"이 일 하다보면 자주 겪는 일이랍니다. 힘내시고 파이팅 하세요. 곧
좋은 일 생길 겁니다."

"네, 죄송하고 감사해요."

얼마나 속이 상했을까? 오죽 답답했으면 그렇게 친하지도 않은 나에
게 톡을 했을까? 매달 실적을 채우는 것은 엄청난 스트레스다. 하지만
그 목표를 달성하려고 노력하는 것은 매우 중요하다. 고객 리스트를 만
들고, 약속을 잡고, 상담하고, 그중에 유망고객을 추리고, 클로징을 들
어가는 과정의 무한반복이 우리를 성장시키기 때문이다.

속상한 마음에 불쑥 한 행동이겠지만, 만약 필자를 가망고객으로 보
았다면 미리 관리를 했어야 했다. 하지만 그렇게라도 이야기를 꺼낸 것
은 칭찬해주고 싶다. 본인에게는 아마 엄청난 용기가 필요했을 것이다.

일단 찔러보는 마인드! 이거 참 좋다. 말도 못 꺼내고 망설이다가 스
스로 포기하는 것보다 백배쯤 좋다고 생각한다. 그에게 한 가지 더 말
해주고 싶은 것이 있는데, 찔렀으면 끝을 봐야 한다는 것이다. 사실 연
금보험은 누구에게나 필요한 것이고, 경우에 따라서는 노후를 보장받
는 개념으로 추가로 가입할 수도 있으니까. 혹시 내가 가입하지 않더라

도 다른 사람을 소개시켜줄 수 있으니까.

그런데 대부분 세일즈맨들의 한계는 여기까지라는 것이다. 한 번 찔러보고 '아니면 말고'라는 식이다. 아니면 어떤 준비도 되지 않은 상태에서 무대뽀로 찔러본다. 고객이 거절을 하지 않았는데 스스로 거절을 당한다는 것은 엄청난 비극이다. 우리는 누구를 만나더라도 일단은 가망고객으로 봐야 한다.

그 가망고객들에게 나를 잘 어필하는 것이 영업의 출발이다. 그러면 어떻게 어필해야 할까? 가장 좋은 것이 상대에 대해 관심을 보이는 것이다. 꽁꽁 얼어붙은 땅도 시간이 지나면 녹기 시작한다. 냉담한 고객을 녹이는 방법 중 하나는 고객을 멘토로 만드는 것이다. 내 이야기를 꺼내고 내 문제를 털어놓는다. 고객은 좋은 마음에 조언할 것이고 나는 그 조언에 감사를 표하면 된다. 바로 고객에게 나를 파는 과정이다.

그리고 때가 되면 클로징을 시도한다. 클로징을 시도하기 전에 가장 중요한 것이 에토스라고 했다. 나의 성품, 인격, 매력, 신뢰를 총동원해야 한다. 결국 고객관리란 에토스를 두텁게 쌓아가는 과정이다.

물론 가장 중요한 것은 찔렀으면 끝을 봐야 한다는 것이다. 한 번에 성공한다는 생각은 접어두는 것이 좋다. 고객은 찌르면 피하는데, 대부분이 거기서 멈춘다. 그러면 서로 어색해져서 지금까지 공들인 것이 다

헛수고가 되어버린다. 이런 일이 몇 번 반복되면 만사가 귀찮아진다. 그렇게 세일즈 현장에서 사라지는 것이다.

세일즈에서 가장 중요한 미덕은 용기가 아닐까 생각한다.

> 66
> 찌르는 용기도 중요하지만,
> 다시 찌르는 용기가 훨씬 더 중요하다.
> 단, 찌르기 전에 반드시 준비를 해야 한다.
> 99

10
초콜릿,
그게 뭐라고

내가 참 좋아하는 후배가 있다.

그는 결혼 후 10년 넘게 아이가 없다가 최근 득녀를 했다는 소식을 들었다. 그리고 한참이 지나 돌잔치 연락을 받았다. 나는 돌잔치에 꼭 참석하겠노라고 후배에게 말했다. 장소가 지방이었지만, 전날 근처에서 강의가 있어 가는 데 큰 문제가 없었다.

후배는 참석하겠다는 내 말에 기뻐하며, 돌잔치 날 내가 쓴 책을 하객들에게 나눠주겠다고 했다. 또 부모님도 고마워하신다는 말을 덧붙이며 은근히 부담을 주었다.

그런데 갑작스럽게 잡힌 녹화 스케줄 때문에 돌잔치에 참석하기가 곤란해졌다. 나는 지방에서 올라오면서 후배에게 전화해 사정을 얘기했다. 후배는 흔쾌히 받아들여주었다. 하지만 운전하는 내내 찜찜한 마음이 나를 무겁게 만들었다. 나는 그 길로 차를 돌려 후배의 집 근처로 가서 근처 커피숍에서 기다리고 있으니 잠시 나오라고 했다. 그리고 근처 편의점에 들러 축의금을 전달할 봉투를 사려고 하니 마침 봉투가 없었다. 나는 잠시 망설이다가 초콜릿을 사서 그 박스에 축의금을 집어넣었다.

드디어 후배가 나왔다. 나는 후배에게 미안하다고 하면서 초콜릿 먹고 서운한 마음을 달래라고 말했다. 후배는 웬 초콜릿이냐고 상자를 열더니 안에 있는 축의금을 보았다. 난 후배가 그렇게 환하게 웃는 모습을 본 기억이 없다. 그가 그깟 축의금 때문에 그렇게 기뻐했을 리는 만무하다. 일부로 차를 돌려서 자기를 찾아준 호의, 이외의 것에서 발견한 나의 마음 때문이었을 것이다.

아무튼 나는 조금은 가벼워진 마음으로 서울로 올라왔고, 초콜릿 일은 까맣게 잊고 있었다. 그런데 얼마 후 다른 후배 하나가 초콜릿을 받고 싶다고 내게 투정을 부리는 게 아닌가. 나는 후배에게 말했다.

"얌마, 초콜릿은 네 애인한테 받는 거지 왜 나한테 달래?"

"선배님, 후배 차별하시는 건가요? 누군 초콜릿 박스에 담긴 축의금을 받았다고 하던데요."

나는 그때서야 초콜릿을 기억해냈다. 후배는 그 일을 여기저기 자랑하고 다녔던 것이다. 나는 그 일을 통해 큰 깨달음을 얻었다. '고객관리란 바로 이런 것이구나. 진심으로 좋아하는 사람에게 진심으로 대하는 것! 거기에 약간의 의외성이 더해지면 최상이구나!'

이것이 초콜릿 박스 해프닝의 전말이다.

사실 피곤한 몸을 이끌고 후배의 집 근처까지 가는 것이 쉽지는 않았지만 막상 그렇게 하고 나니 내가 얻은 것이 더 많았다. '주는 마음이 받는 마음보다 더 큰 감동을 주는구나. 앞으로도 조건 없이 좋은 사람들에게 내 마음을 수시로 전달해야겠구나.'를 절실히 느꼈던 것이다.

전화를 통해서, SNS를 통해서 더 많이 내 마음을 전달하는 것이 인생관리이고 고객관리다. 씨를 뿌려야 수확을 할 텐데, 씨는 뿌리지 않고 기도만 하고 살았던 것은 아닌지 반성해본다. 한때는 명절 때마다 선물할 곳을 챙기는 내가 비참하다고 느낀 적이 있었다. 그런데 이제 그 생각이 확 바뀌었다. 내년엔 선물을 두 배로 해야겠다. 선물할 곳이 많다는 것은 내가 열심히 살았다는 증거가 아닌가. 선물할 곳이 점점 늘어

나는 삶을 살아야겠다고 새로운 결심을 해본다.

평소에 잘하라는 말이 진리다. 올해의 고객관리가 내년의 계약이고 미래의 행복이다.

> 66
> 어느 구름에서 언제 비가 내릴지 모른다.
> 가능한 많은 구름에 관심을 가지고 정성을 기울이면
> 당연히 비가 내릴 확률이 높아진다.
> 99

내게도 하루에 몇 개씩 스팸 메시지가 온다. 솔직하게 말하자면 보험 하는 분들에게도 그런 메시지가 온다. 대부분은 스팸 처리를 하지만 가끔은 그런 메시지에 답을 하는 경우가 있다. 그러다가 상담으로 이어져 지인을 소개하거나 심지어 보험에 가입한 경험도 있다.

그렇다면 나는 똑같은 스팸 메시지에 정반대의 반응을 보인 것이다. 내가 답장을 한 메시지의 공통점을 찾아보자.

첫째, 메시지 상단에 내 이름이 들어가 있어서 눈에 띈다.

둘째, 내 신상에 관한 내용이 들어 있어 읽어 보게 된다.

셋째, 일상적인 안부를 묻거나 자신의 소소한 기쁨을 알리는 문자여서 축하 답신을 한다.

넷째, 무언가 고민을 암시하는 내용이면 '화이팅'이라고 답장을 한다.

다섯째, 나에 대한 관심이 느껴져 고마운 마음에 답장을 한다.

솔직히 우울하거나 힘든 날에는 나를 위로해줄 메시지가 기다려지기도 한다. 그러나 대개는 어디서 무작위로 퍼 나르는 메시지나 단체 메시지의 비중이 높다. 그런 메시지를 받으면 보낸 사람 이름까지 삭제해버리고 싶은 마음이 들 때도 있다. 더 짜증나는 것은 메시지에 답을 보냈는데 답신이 없는 경우이다. 그러면 그것으로 관계는 '끝'이다.

필자가 가장 이해할 수 없는 것은 고객의 답신에 재답신을 하지 않는 세일즈맨들이다. 늘 말하지만 어느 구름에서 비가 내릴지 모른다. 어떤 고객이 언제 보험에 가입할 마음이 생길지 알 재간이 없는 것이다. 보험은 확률 게임이고, 보험 세일즈 역시 확률 게임이다. 평소에 메시지 하나도 신경 써서 보내야 하는 이유다.

그리고 고객의 SNS를 늘 살펴야 한다. 관심이 있으면 고객의 심리가 보인다. 보험은 어려울 때 우산이 되어 주는 것이다. 고객이 힘들 때 내가 보낸 메시지 하나가 고객의 마음에 깊이 각인된다. 이렇게 사소한 것이 모여서 큰 것이 된다는 진리를 잊지 말자. 사소한 것을 챙기는 습관이 큰 기쁨으로 돌아오는 것이 인간관계의 원리이며 보험 세일즈의 성공 법칙이다.

내게는 지금도 꾸준히 메시지를 보내는 분들이 계신다. 내가 보험을 가입한다면 아마 그분들일 것이다. 당연하지 않은가.

> **"**
> 꾸준한 관심을 당할 인간은 어디에도 없다.
> 만약 있다면 그놈이 나쁜 놈이다. 그 한 놈 때문에 당신이
> 꾸준함의 법칙을 포기할 필요는 없다.
> **"**

12
소통의 심리법칙 4가지

1. 같은 동네 사람은 빨리 친해진다

사람들은 자신과 동질적인 사람에게 호감을 느낀다. 그중에서도 같은 지역, 같은 학교에 머물렀다는 것만으로도 엄청난 친밀감을 느낀다. 방송에 처음 출연하는 사람들은 기존 출연자나 제작진과 친해지기 위해 어떻게든 연결고리를 찾아 상대에게 자신을 각인시키려고 애쓴다. 물론 나도 그랬다.

필자가 한 프로그램에 나갔을 때의 일이다. 출연자 중 유명한 교수님이 계셨는데, 나는 그분이 나와 같은 장교 출신이라는 것을 알고 있었다. 녹화 전에 인사를 드리고 후배라고 밝히자 그분은 내게 훨씬 더 친근하게 대해주었고, 녹화 중의 주의사항과 방송을 잘하기 위한 몇 가지 팁까지 말씀해주셨다.

내겐 적어도 한 사람의 지지자가 생긴 셈이다. 심리적 안정감 덕분인지 그날 방송은 속칭 빵빵 터지면서 대박이 났다. 단지 상대와 무언가를 공유하고 있다는 사실 하나만으로 경계심이 사라지고 도와주고 싶은 마음, 이를 심리학적으로 '근접성의 원리'라고 한다.

이런 원리는 세일즈에도 그대로 적용된다. 어떤 고객을 공략하고 싶다면 어떤 상품을 팔 것인지를 고민하기 이전에 고객과 나와의 공통점을 먼저 찾아야 한다. 고객의 고향은 어디인지, 출신 학교는 어디인지, 나와 고객이 함께 아는 사람은 없는지……. 잘 찾아보면 엄청난 연결고리가 있기 마련이다. 이런 것은 깡그리 무시하고 상품만 팔려고 했다가는 좌절만 맛보게 될 것이다. 정말 열심히 설명했는데 판매는 이루어지지 않을 가능성이 높다.

대학의 최고경영자 과정은 그런 연결고리를 만들려고 하는 사람들이 모이는 곳이다. 이미 성공한 사람들이 무엇을 더 배우겠다고 비싼 등록금을 내고 들어오겠는가. 비즈니스가 다 그런 것이 아닌가 싶다. 잘나가는 사람들과 연결고리를 만들어 자신의 비즈니스를 좀 더 잘되게 하려는 것이 목적이다. 즉 같은 대학원을 나왔다는 사실 하나만으로도 다른 비즈니스에서 도움을 받을 수 있기 때문이다.

따라서 세일즈를 하는 사람들은 고객과의 연결고리를 찾고, 이를 강화할 필요가 있다. 우스갯소리지만 세일즈맨의 외할머니 고향은 전국 팔도가 된다는 말이 있다. 고객과의 공감대를 형성하기 위해 외할머니의 고향을 파는 것이다. 그렇게 해서 이야기가 자연스럽게 이어지고 더 가까운 느낌을 갖게 된다. 기왕 하는 거라면 이렇게 좀 더 적극성을 띨 필요가 있다.

2. 소 세 마리만 키우면 저절로 소통된다

'다름을 인정하라.' 좋은 말이다. 그러나 그것은 내가 갑일 경우일 때이다. 내가 을일 때는 다름을 인정하고 말고 할 여유가 없다. 세일즈란 고객과 많은 대화를 해야 하는 직업인데, 이때의 대화란 주로 고객이 말하고 우리는 듣는 것이다. 고객의 말을 들으면서 추임새를 넣어주는 것이 효과적인데 처음엔 이게 무척 어렵다. 고객과 생각이 다르기 때문이다.

고객은 A가 진리라고 하는데 나는 B가 진리라고 생각한다면, A에 대해 말하는 고객의 말을 듣고 있기가 어렵다. 때로는 고객이 보수적이고

고루하고 자기중심적인 경우도 있다. 이럴 땐 눈 딱 감고 고객의 말에 적극적으로 동의하는 것이 상책이라 생각한다. 아니면 어쩔 것인가? 고객과 토론을 할 것인가, 싸울 것인가 말이다.

우리는 토론을 하기 위해 고객과 만나는 것이 아니다. 우리의 목적은 세일즈다. 고객이 딴 세상 이야기를 할 때는 내 마음 속에 소 몇 마리만 키우면 된다. 웬 소냐고?

"고객님 말이 맞소, 옳소, 그렇소." 이렇게 소 세 마리를 키우면 그 소가 우리에게 우유와 고기를 가져다 줄 것이다.

'유사성의 원리' 즉 유유상종은 우주의 진리다. 어떤 세일즈맨은 고객과 행동까지 같이 한다고 한다. 고객의 동작을 따라하면 더 빨리 친해지고 고객의 호감도가 높아진다는 실험 결과도 있다. 고객이 짜장면을 시키면 나도 짜장면을 시켜야 한다. 눈치 없이 짬뽕을 시키지 말란 말이다.

3. 자주 보면 예뻐 보인다

에펠탑을 처음 본 파리 시민들의 반응은 매우 부정적이었다고 한다. 무작스러운 쇳덩어리가 도시의 미관을 해친다고 생각한 것이다. 그런데 지금은 어떤가. 에펠탑은 파리 시민들이 가장 사랑하는 건축물 중 하나가 되었다. 그 이유가 의미심장하다. 눈만 뜨면 파리 시내 어디서든 보이기 때문이라는 것이다.

눈에서 멀어지면 마음에서 멀어진다는 것이 바로 '친숙성의 원리'다. 세일즈란 상품을 팔기 전에 내 자신을 파는 것이라고 누누이 말했다. 나를 판다는 것에는 친숙성의 원리가 깊이 관여되어 있다. 일단 친해지려면 자주 만나야 한다.

과거에는 '나가자, 만나자, 대화하자!'가 보험 세일즈의 슬로건이었다. 이 슬로건을 단지 과거의 세일즈 패턴으로 치부해버리는 것은 큰 잘못이다. 만나야 대화를 하고, 대화를 해야 친해지고, 친해져야 상담이 되고 완전판매가 되는 것이기 때문이다.

'캠퍼스 커플' '오피스 커플'이란 말이 있다. 캠퍼스는 커플의 산실이다. 또 야근하다 결혼하는 커플도 많다. 자주 만나고 자주 대화하고 많은 시간을 보내다 보면 친해질 수밖에 없다.

소통을 잘하는 사람이 성공한다고 한다. 소통의 본질 역시 자주 만나 무엇인가를 함께하는 와중에 이루어지는 것이다. 고객을 만날 때는 목적이나 기대를 버리는 것이 좋다. 그저 만나는 것이 목적이어야 한다. 고객은 우리가 왜 자신을 만나러 왔는지 이미 알고 있다. 경계심을 가지고 있는 것이다. 우리가 해야 할 일은 자주 만나서 그 경계심을 허무는 것이다.

그런데 자주 만나는 것 자체가 어렵다는 것이 문제다. 문자나 안부전화를 자주 하는 것이 대안이 될 수 있다. 세일즈 실적은 만남의 횟수에 비례한다. 얼마나 많은 고객을 자주, 집중적으로 만났느냐의 문제인 것이다. 사람은 복잡하면서도 단순하다. 자주 보고 자주 기억시키는 것이 성공의 관건이다.

4. 자신을 좋아하는 사람을 좋아한다

이런 노랫말이 있다. '둘이서 사랑을 할 때 제가 먼저 사랑할래요.' 세일즈를 하는 사람들이 18번으로 삼을 만한 노래다. 왜 먼저 사랑해야 할까? 아무래도 사람은 자신을 좋아해주는 사람에게 호감을 느끼기 때문이다. 우리가 먼저 고객을 좋아하는 것이 아주 중요한 것이다.

그러니 우리가 먼저 고객에게 호감을 표시하자. 기왕 할 거면 적극적으로 하자. 그 방법엔 여러 가지가 있다. 고객의 말을 잘 들어주는 것, 큰 도움이 되었다고 말하는 것, SNS로 친구 신청을 하는 것, '좋아요'를 누르는 것, 메시지를 보내는 것, 고객의 태도나 습관에 존경을 표하는 것 등등이 될 것이다.

어차피 보험은 확률의 게임이니 좀 더 많은 사람에게 먼저 호감을 표시해서 점차 범위를 좁혀가는 것이 좋다. 즉 고객을 배양하는 것이다. 고객은 각양각색이어서 재깍 가입하는 사람도 있지만 길게 뜸을 들이는 사람도 있다. 우리가 그것까지는 알 수가 없지 않는가. 그러니 과정에 충실한 것이 좋고, 한 번 시작했으면 끝까지 가는 끈기가 필요하다.

의욕에 넘쳐 호감을 표시하지만 고객에게 아무런 반응이 없는 경우. 쉽게 지쳐 중간에 그만두는 일이 생기기도 한다. 이런 일이 반복되면 의욕이 사라지고 무력감에 빠지게 되고 급기야 세일즈를 포기하게 된다. 보험은 장기전이라는 점을 명심하자. 꾸준하게 성실하게 호감을 표시하다 보면 언젠가 생각지도 못한 구름에서 비가 내리게 된다.

“
고객이 짜장면을 먹으면 짜장면을,
고객이 짬뽕을 먹으면 짬뽕을 먹어라. 유유상종은 우주의
진리이자 세일즈의 성공 법칙이다.
”

틈새시장은
어디에 있을까?

대한민국은 온통 레드오션이다. 좁은 땅덩어리에서 서로 살아보겠다고 복작거린다. 그래서 틈새시장을 찾으라는 말은 항상 마케팅의 진리다. 그런데 이놈의 틈새시장은 30년 전부터 찾았지만 도무지 어디 있는지 모르겠다. 그러다 최근에 이런 결론을 내렸다.

1. 틈새시장은 접근이 어려운 곳에 있다.

2. 그렇지만 아주 가까운 곳에 있다.

3. 즉 내 마음속에 있다.

말장난 같지만 필자가 무려 30년을 고민한 끝에 내린 결론이므로 끝까지 들어주기 바란다. 일단 필자가 경험한 사례를 통해 이를 증명해보이겠다.

필자는 과거에 63빌딩의 한 층을 통째로 빌려서 사업을 한 경험이 있다. 당시만 해도 그 빌딩은 우리나라 최고의 빌딩이었고, 그 안엔 잘 나가는 기업들이 즐비했다. 저층엔 쇼핑센터와 식당들이 있고 중층부터는 사무실이 대부분이었다. 대부분의 사무실들은 강화유리 재질의 출입문이 있고 번호를 눌러야 출입이 가능한 구조여서 소위 잡상인들이 애초에 들어갈 수 없었다. 직장생활을 할 때 늘 사무실을 찾아오는 세일즈맨들 때문에 성가셨던 나는 이제야 그들로부터 벗어날 수 있겠다고 생각했다.

그런데 웬일인지 이 건물에 은근히 잡상인들이 많다는 것을 알게 되었다. 대표적인 사람이 찹쌀떡을 파는 선한 눈매의 아저씨였다. 그는 사람들이 출출해질 즈음인 오후 5시경에 나타났다. 그는 말없이 찹쌀떡을 내밀고 서 있다. 고개를 젓거나 필요 없다고 말하면 두말하지 않고 다른 곳으로 간다.

그때는 IMF 시기였다. 많은 가장들이 직장을 잃고 거리로 내몰리던 시절이었다. 묘하게도 그 아저씨의 맑은 눈은 실직한 가장을 연상시켰다. 매번 거절하기 힘들었던 나는 몇 번 그 찹쌀떡을 사주게 되었다. 의외로 찹쌀떡은 깔끔하니 맛있었고, 사실 내가 있었던 42층에서 지하층으로 간식을 먹으로 가는 것이 귀찮기도 했다. 심지어 어떤 때는 그 아저씨를 기다리기까지 했던 기억이 난다.

다른 사례가 하나 더 있는데, 대나무 방석을 팔던 아주머니다. 그녀는 주로 여름 무렵에 나타났는데, 찹쌀떡 아저씨와 공통점이 있었다.

대나무 방석을 보여주면서 3천 원이라는 말만 조용히 하고 가만히 서 있는 스타일이었던 것이다.

여름날 하루 종일 의자에 앉아 있으면 엉덩이에 땀이 난다. 속는 셈 치고 하나 사서 써봤더니 의외로 시원하다. 옆자리의 동료가 부러워하더니 다음날 바로 방석을 샀다. 결국 우리 사무실의 직원이 거의 다 그 방석을 샀다.

이 두 명 말고도 참 많은 종류의 사람들이 사무실에 들락거렸다. 그러던 어느 날 문득 왜 보험설계사들은 오지 않는지가 궁금해졌다. 내가 추리해본 결과는 다음과 같다. 알다시피 63빌딩은 생명보험회사의 본사 건물이고, 63층 빌딩을 오르내리는 것이 주저하게 만드는 이유일 것이다. 아무리 간이 크다 해도 다른 보험사 본사에 가서 세일즈를 한다는 게 말이 안 되는 것이다.

실제로 필자가 손해보험사의 본사에 근무하는 동안, 우리 건물에 개척을 나온 생명보험 설계사를 딱 한 명 보았을 뿐이다. 당시에도 참 대단한 사람이라 생각했던 기억이 난다. 그렇다면 63빌딩에 본사가 있는 생명보험사 직원들이라도 들어와야 하는데 코빼기도 본 적이 없다. 이게 무슨 이유일까?

63빌딩이라는 이름이 주는 무엇인가 때문이 아닐까? 으리으리한 건물을 피하려는 소심한 마음 말이다. 사실 당시 63빌딩의 보험사 사무실은 4개 층에 불과했다. 찹쌀떡과 3천 원짜리 대나무 방석을 파는 상인은 들어오는데 왜 보험설계사는 들어오지 않을까? 아마 마음속으로 '여긴 안 될 거야.'라고 정해버렸기 때문은 아닐까?

세일즈를 하는 사람들은 본능적으로 만만한 곳으로만 개척 활동을 나간다. 그런데 잊지 말아야 할 것은 내가 만만하면 남들도 만만하다는 것이다. 하루 종일 수많은 설계사들이 들락날락하는 사무실을 생각해보라. 가망고객들도 닳을 대로 닳아 있다고 생각해야 한다.

그래서 역발상이 필요하다. 내가 틈새시장은 멀리 있는 것이 아니고

또 다른 틈새시장을 찾는 팁 2가지

틈새시장은 지식(금융, 화재, 보상, 특종, 경제) 속에 존재한다

세금을 이용한 보험 마케팅이 그 예인데, 지금은 이것이 너무나 당연한 시장이 되어버렸다. 틈새시장을 공략하려면 금융 지식은 늘 공부해야 한다. 많이 알수록 많이 보이기 때문이다.

틈새시장은 불편함 속에 존재한다

대중교통이 불편한 이면도로에 위치한 건물을 주목하라. 실제로 필자가 보험사에 근무할 때, 이런 곳을 집중 공략해 고소득을 올리는 설계사를 보았다. 교통이 불편해서 설계사들이 개척 활동이나 F/T 실습하기를 꺼리는 곳, 이곳이 황금시장일 수 있는 것이다.

소심한 내 마음속에 있다고 말한 이유가 바로 이것이다. 세일즈의 위대한 정신은 한 번 찔러보는 것이다. 찔렀으면 끝을 보는 것이다. 거절은 어디서 당해도 거절이다. 만만한 곳에서만 거절당하지 말고 가끔은 럭셔리한 곳에서도 거절을 당하자. 그곳이 숨어 있던 틈새시장이고 그곳을 발견하게 만드는 힘은 당신의 용기다.

그것이 불황이 일상이 된 시대에 꼭 필요한 생존전략이 아닐까?

> 66
> 틈새시장은 내 마음속에 있다.
> 소심함과 자존심에 가려져 있어서 잘 보이지 않을 뿐이다.
> 99

상처는 힐링, 멘탈은 강화

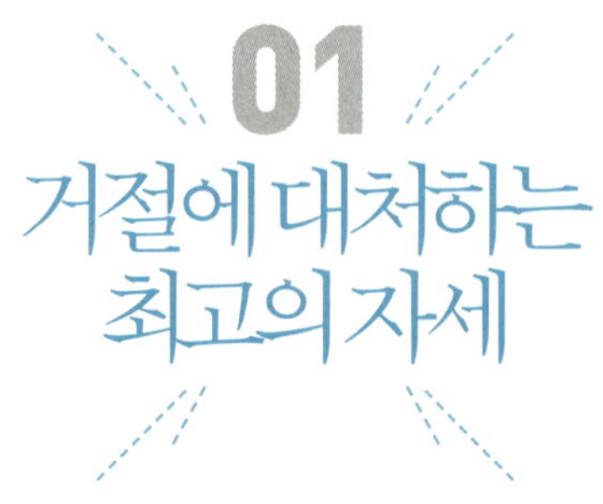

거절에 대처하는
최고의 자세

거절! 세일즈맨의 가슴을 얼어붙게 하는 공포의 단어다. 영업을 잘하고 또 오래 하는 사람들은 이 '거절'이란 단어를 들어도 대수롭지 않게 여기는 능력을 가진 사람이다. 타고난 세일즈맨은 '약간 장애가 있는 사람'이란 우스갯소리가 있다. 즉 고객의 거절을 거절로 인식하지 못하는 장애를 가진 사람이다. 그러니 고객이 아무리 거절을 해도 줄기차게 방문하고 지속적으로 연락을 취한다.

생각해보라. 보험이 필요하지 않은 사람은 없다. 보험이 필요한 순간, 당신은 누구를 떠올리겠는가? 아무래도 줄기차게 찾아와 이야기를 들어주고, 정보를 제공해주던 그 사람일 확률이 매우 높을 것이다. 그런 고객 응대가 처음에는 눈치 없게 보이지만, 꾸준하게 시도하면 열정과 성실로 변화한다.

그런데 현실에서는 이런 장애를 가진 사람이 흔치 않다. 세일즈로 성공한 사람들은 거절의 본질을 파악한 사람들이다. 거절은 일상적인 일이다. 무엇을 사든지 한 번쯤은 거절을 하거나 다시 생각해본다. 고객은 시간이 필요한 것인데, 예민한 세일즈맨은 그것을 거절로 오해해 오랜 관계를 끊어버리거나, 심지어 자신의 일에 회의를 느끼는 경우가 많다.

그렇다면 세일즈의 최대 난제인 이 거절을 어떻게 처리할 것인가? 지난 세월, 필자도 거절 처리법을 강의해왔으나 가르치면서도 뭔가 미진한 느낌이 들었다. 그러다 우연히 어떤 책을 읽다가, 이것이 거절 처리의 본질이 아닐까란 생각을 하게 되었다.

한 호주 여인 A의 이야기다.

여인은 생활고를 겪고 있었다. 월세를 내지 못해 살고 있던 집에서 쫓겨나게 되자 친구에게 딱 일주일만 재워달라고 부탁했다. 전에도 이런 부탁을 들어주었던 친구였다. 하지만 친구의 사정이 달라졌다. 자신은 남자친구와 동거 중인데, 지금 남자친구와 냉전 중이라 그럴 수 없다는 것이다.

A는 커다란 가방을 들고 해변으로 가서 멍하니 지는 해를 바라보았다. 무엇보다 가슴 아픈 것은 친구의 거절이었다. 자신의 사정이 이렇게 딱한데 매몰차게 거절하는 것이 이해가 되지 않았다. 나 같으면 절대 그러지 않을 것이란 생각이 들었다. 다시는 그 친구를 만나지 않겠노라고 다짐까지 했다.

그런데 시간이 조금 흐르자 생각이 바뀌었다. '그 친구가 내 부탁을 거절한 것은 결코 나를 거절한 것이 아니다. 사정이 있어 그 부탁을 거절한 것일 뿐이다. 나는 왜 내가 거절당했다고 오해한 것일까?' 생각이 여기에 미치자 노여움과 원망이 눈 녹듯이 사라지면서 어둡던 세상이 다시 밝게 보이기 시작했다. 이후 A는 온갖 어려움을 극복하고 세계적인 베스트셀러 작가가 되었다.

이 글을 읽으며 나는 깨달음을 얻었다. 세일즈에서 상대가 거절하는 것은 상품이지 내가 아니다. 그런데 대부분의 세일즈맨들은 자기가 거절당했다고 오해한다. 내가 친구에게 보험을 권유했는데 친구가 거절했다면, 그 이유는 많을 것이다. 그중엔 말 못할 이유도 있을 것이다. 어쩌면 보험 가입은커녕 생계를 꾸리기도 어려운 형편일 수도 있다. 그런데 '내가 보험 한다고 나를 우습게 보냐?'라고 생각했다면 정말 오해가 아닐까. 이런 오해는 내 마음에 상처를 남기고 친구도 잃게 만든다. 문제는 생각이고 마음이다. 거절보다 중요한 것은 거절에 대한 나의 반응이다. 거절은 피할 수 없지만, 나의 반응은 내가 컨트롤할 수 있다.

세일즈에서 성과를 내려면 나의 반응, 즉 나의 마음을 조절해야 한다. 그런데 언제 내 맘이 내 맘대로 되던가. 내 마음을 강하게 하는 방법, 바로 자존감이다. 자존감이란 '역경을 극복하는 마음의 힘'이라는 정의를 나는 참 좋아한다. 성공하는 사람의 공통점 중 하나가 자존감이다. 이것은 틀림없는 사실이다. 단 한 번에 성공을 이룬 사람은 없다. 대부분 수많은 실패를 극복하고 마침내 한 방을 터뜨린 것이다.

김대현의 거절 총량의 법칙

세일즈맨에겐 평생 받을 거절의 양이 정해져 있다. 그 총량을 채우면 더 이상 거절을 당하지 않는다는 법칙이다. 현장의 세일즈맨들은 이 법칙에 고개를 끄덕인다. 거절을 당하다 보면 익숙해져서, 더 이상 거절에 상처받지 않기 때문이다. 거절을 당연한 고객 반응으로 생각하는 경지에 이르는 것이다. 언더스탠드?

세일즈는 매일 거절의 연속이다. 거절 처리를 잘하려면 무조건 나의 자존감을 높여야 한다. 그런데 솔직하게 말하자면 쉽지는 않다. 자존감은 어린 시절 부모와의 관계에서 형성된 것일 수도 있기 때문이다. 수

십 년간 형성된 습관을 하루아침에 고치는 것 또한 어렵다. 그러나 꾸준히 노력해야 한다. 살기 위해서, 성공하기 위해서, 행복하기 위해서! 아무튼 자존감을 높이는 방법을 몇 가지 소개해보겠다.

자신에게 긍정적인 말 걸기

"그래, 이 정도면 됐어."

"내 환경에서 이 정도 성장했으면 대단한 거야."

"힘들었지만 지금까지 잘 견뎠잖아."

"난 할 수 있을 거야. 지금까지 잘해왔으니까."

자신을 칭찬하고 위로하기

작은 것이라도 스스로에게 상 주기

하루 일과를 끝내고 스스로를 칭찬하기

다른 사람과 절대 비교하지 않기

나는 성공할 것이라고 스스로에게 최면 걸기

한 문이 닫히면 다른 문이 열린다고 생각하기

작은 성공을 통해 자신감 쌓기

쉽게 할 수 있는 작은 것부터 시도하기

큰 목표보다 작은 목표 설정하기

장기보다는 단기적 계획 세우기

어쩔 수 없는 현실이라면 받아들이기

내 일을 부끄러워하지 말기

계약 성사가 아니라 거절당하는 것을 목표로 생각하기

가끔은 내 탓이 아닌 남 탓하기

> 66
> 당신을 우습게 봐서 거절한다고 생각하는 것은 오해다.
> 생각할 시간이 필요할 수도 있고,
> 남들 모르는 생활고에 시달릴 수도 있다.
> 99

나는 착각을 잘하는 편이다. 특히 자신에 대해서 과대망상증이 있는 것 같기도 하다. 그래서 말인데, 혹시 읽다가 재수 없다는 생각이 들더라도 참고 읽어주기를 바란다.

나는 강의를 참 잘한다(못하지는 않는다고 생각한다).

내가 대한민국 최고라고 생각한다(아닌 건 알고 있다. 그냥 지극히 주관적인 생각이다.)

그래서 누가 나보다 강의를 잘한다고 하면 질투심이 일어나곤 했다.

보험회사를 다니면서 교육을 하던 시절부터 그랬다. 만약 나보다 평가가 좋은 동료가 있으면, 질투심에 강의 평가서를 뒤져보고 나보다 좋은 평가를 받은 이유를 찾곤 했었다. 그리고 더 잘하려고 무진 애를 썼던 기억이 난다. 심지어 내공이 대단한 외부강사들과도 강의 평가를 비교하며 혼자 겨뤄본 적도 있다.

내 생을 통틀어 한 가지에 그토록 몰입해본 적도 없지 싶다. 나는 정말로 잘하고 싶고 인정받고 싶었다. 아무튼 나는 지금도 강의를 잘하고, 과거에도 잘했고, 앞으로도 잘할 것이다(참으로 유치하긴 하지만, 이런 유치함이 나를 여기까지 이끌었다고 생각한다). 그런데 이런 나를 괴롭힌 것은 바로 '불공평함'이었다. 강의는 내가 훨씬 더 잘하고 평가도 좋은데, 강사료를 많이 챙겨가는 사람은 따로 있었다. 방송에 자주 출연하는 사람들의 출연료는 나와 비교가 되지 않았다. 그것이 이 바닥의 법칙이었으니 어디 하소연할 데도 없었다.

나는 정당한 대우를 받고 싶었을 뿐이다. 그런데 그러려면 베스트셀러 저자가 되거나 방송에 출연해야 했다. 그래서 세일즈 관련 책을 썼다. 망했다. 이번엔 펀드 책을 썼다. 또 망했다. 이제 남은 것은 방송 출연뿐이다. 모 방송국의 아침 프로에 나가 단숨에 스타 강사가 된 사람을 보니 배가 아주 많이 아팠다. 나도 나가고 싶었다. 그런데 어떻게 나가야 할까? 그들은 나를 모르고, 특히나 내 강의는 방송에 적합하지도 않다.

그때부터 다른 분야를 공부하기 시작했다. 그리고 부부 관련 책을 썼다. 습관처럼 또 망했다. 책은 도저히 자신이 없었다. 그렇다면 이제 인맥이다. 그러나 아무리 둘러봐도 내 주변엔 방송국 근처에 가본 사람도 없었다. 주변에는 도와주는 사람보다 잔소리하는 사람이 더 많았다. 동냥은 못할망정 쪽박은 깨지 말라고 했는데 말이다.

방송에 연결시켜줄 사람을 찾았다. 여기저기 소문도 내고 다녔다. 소문을 듣고 브로커들이 몰려들었다(브로커는 다른 말로 사기꾼이다. 그런데 그들은 사기꾼 같이 생기지도 않았고 항상 내 주변에 있던 사람들인 것 같았다. 단지 내가 부를 때만 기다리고 있던). 그들에게 제대로 당했다.

이렇게 헛된 꿈을 쫓아 방황한 것만 수년이었다. 그 와중에도 난 늘 떠들었다. 내가 방송에만 나가면 세상이 깜짝 놀랄 것이라고, 진정한 강의가 뭔지 보여주겠노라고. 지금 생각하니 참 미련하고 용감하다. 도대체 뭘 믿고 그렇게 들이댔는지 모르겠다. 아마 살짝 미쳤었던 것 같기도 하다.

어쨌든 나는 지금 방송에 나가고 있다. 햇수로는 벌써 4년이 되어간다. 그리고 계속 섭외가 들어오고 있다. 나는 왜 그렇게 방송에 목숨을 걸었을까? 아마 그들과 붙어보고 싶었던 것 같다. 진검 승부, 공평한

조건에서 누구의 강의가 더 좋은지 평가받고 싶었던 거다. 사실 강의로 승부를 보자는 것 자체가 유치한 생각이지만, 그때는 절실했다. 그만큼 자신도 있었다.

난 그들이 부러웠다. 솔직히 말하면 불타는 질투심에 배가 아팠다. 나를 방송으로 이끌어준 에너지는 엄청난 착각과 더불어 불타는 질투심이었다. 내가 대한민국 최고라고 착각을 하지 않았다면, 내게 질투심이 없었다면 나는 도전하지 않았을 것이다. 그래서 나는 착각과 질투심을 아직도 버리고 싶지 않다.

솔직히 지금도 가끔 질투심에 불탄다. 제대로 배운 심리 전문가나 가정상담 전문가를 보면 짜증이 난다. 그들이야말로 진짜 전문가인데도 나는 그들을 시기한다. 내가 생각해도 내가 웃긴다. 그런데 나는 이런 유치한 나를 정말 사랑한다. 무모한 도전을 성공시킨 나를 사랑하고 또 다른 도전을 꿈꾸는 나를 사랑한다.

> 66
> 때로는 과대망상증이 필요하다. 자기를 너무
> 정확히 아는 것은 도전에 방해가 될 수도 있다.
> 99

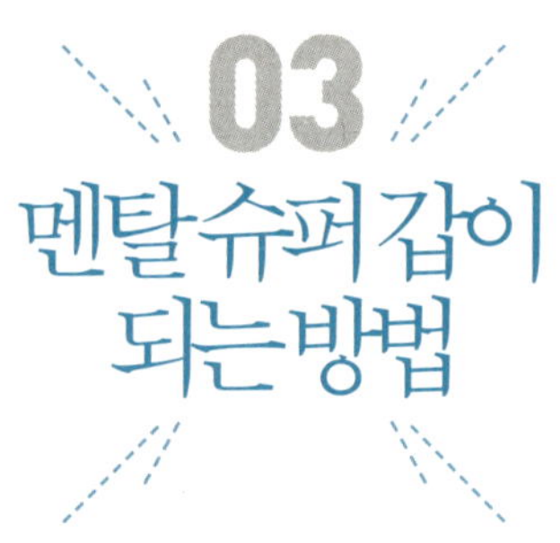

세계 최강의 특수부대인 네이비 실(Navy-Seal) 이야기다. 실(Seal)은 육해공(Sea, Air, and Land)을 의미하므로 전천후 부대쯤으로 해석이 되겠다. 훈련 과정에서 지원자의 80%가 탈락할 정도로 혹독한 훈련으로 유명하다. 그들에겐 강한 체력과 더불어 강한 정신력이 요구된다. 특히 극한의 상황에서 명확한 판단을 내리기 위해 '멘탈 트레이닝'도 한다고 전해진다.

스트레스 상황에서 인간의 뇌는 사고력을 주관하는 전두엽의 기능

보다 화, 공포 등 감정을 주관하는 편도체의 기능이 2배 이상 활성화된다. 이 상태에서는 판단력이 흐려져 평상시 같으면 말도 안 되는 행동을 저지르기도 한다. 사람들이 격분하거나 공포에 질리게 되면 이상한 행동을 하는 것이 바로 이런 이유 때문이다.

네이비실은 이런 사고를 막기 위해 편도체의 기능을 억제하고 전두엽의 기능을 활성화시키는 다음의 4가지 트레이닝을 한다고 한다. 이 중 1번과 3번이 세일즈를 하는 데도 도움이 될 것이라 생각해 소개해보겠다.

1. 확고한 목표를 설정하라.

2. 트랙을 구상하라.

3. 자신과 대화하라.

4. 호흡을 가다듬어라.

첫 번째, 확고한 목표 설정이다.

처음에 이것이 그 무시무시한 네이비실의 정신 강화 훈련 1단계라는 것이 믿기지 않았다. 수도 없이 들어왔고 듣고 있는 말이 아닌가. 도대체 목표를 설정하는 것과 정신력이 강해지는 것이 무슨 상관일까? 가만히 생각해보면 분명히 상관이 있다. 목표를 설정하고 매일 생각하다 보면 목표가 가까워지지 않겠는가. '내가 꽤 했다.'는 만족감에 자신감이 붙고 정신력이 올라가니 거절도 두려워하지 않게 된다. 그 자신감으로 계속 새로운 목표를 설정해 밀어붙이면 그 목표들이 또 이루어진다. 그리고 정신력은 한 단계 업그레이드된다. 이것이 바로 성공의 선순환 프로세스다. 이를 조금 더 자세하게 알아보자.

스트레스 상황에 놓이면 뇌 속 편도체는 마치 불이 붙은 것처럼 작동한다. 과도한 불안과 공포심이 머릿속에 혼란을 일으켜 잘못된 판단을 하게 만드는데, 이때 명확한 목표만이 이성적 판단을 주관하는 전두엽의 기능을 작동시키게 한다는 것이다. 네이비실에서는 이런 혼란을 평정하기 위해 가족, 친구, 종교 등 삶에서 중요한 것을 생각하며 마음을 다잡도록 교육한다.

여기서 핵심 포인트는 나에게 긍정적 미래를 가져올 것들에 대해서만 생각하는 것이다. 명확한 목표 없이 그저 열심히만 해서는 이 전쟁터에서 생존하기 어려울 수 있다. 누구나 쉽게 세일즈를 시작하지만, 성공의 순간을 맛보는 자는 소수다. 네이비실의 훈련을 견뎌내고 생존할 확률이 20%라고 하지만, 세일즈 현장은 그 못지않을 정도로 힘들고 치열하다.

그런데 이 치열한 전장에서 성공하는 사람들이 계속 나온다는 것이 중요하다. 목표 설정을 꼭 해야 하는 이유는 생존을 위해서다. 생존이 되어야 성공이고 뭐고 바라볼 수 있다.

세 번째 트레이닝이 '자신과 대화하라.'이다.

이 대목이 눈에 확 들어온다. 평소 내가 주장했던 이론이었는데, 든 든한 증거 자료를 확인한 듯해서이다. 나는 늘 '강한 사람이 살아남는 다.'고 주장해왔다. 어떤 분야라도 정신력이 강한 사람이 살아남고, 살 아남은 사람들만 봄을 맞이할 것이다. 나는 정신력을 강하게 하는 방법 을 오랫동안 고민한 끝에, 결국 자신과 소통을 잘하는 사람이 끝까지 생존하고 성공할 가능성이 매우 높다는 결론을 내렸다.

자신에게 긍정적인 말을 건네는 사람은 긍정적이다. 그들은 작은 가 능성도 쉽게 포기하지 않는다. 자신을 사랑하는 사람, 자신을 믿는 사 람은 쉽게 흔들리지 않는다. 이렇게 자신을 존중하는 태도는 그대로 타 인에게 이어지게 되어 있다. 누누이 말하지만 자존감은 역경을 극복하 는 마음의 힘이다. 다시 말해 우리의 화두인 '거절'을 잘 극복하게 되는 것이다.

만약 세일즈에 거절이 없다면, 그렇게 많은 사람들이 세일즈를 포기 하지 않을 것이다.

거절을 처리하는 데 아주 능숙하거나 아예 신경을 쓰지 않는 경지에
오르게 되니, 성공할 수밖에 없지 않겠는가.

> **"**
> 일단 자기 스스로에게 긍정적인 사람이 되자. 그러면
> 당신은 세계 최강의 세일즈맨이 될 것이다.
> **"**

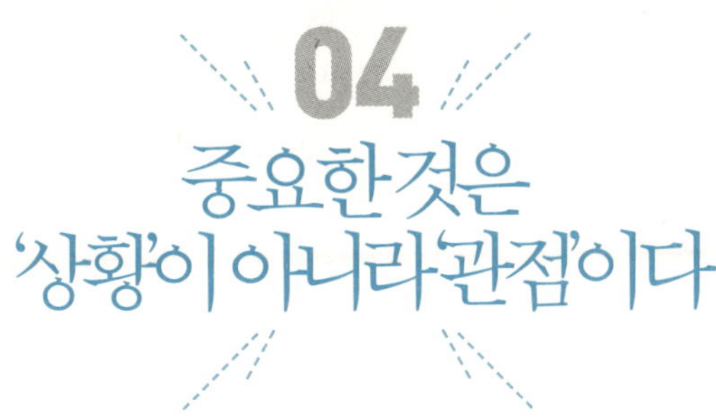

1970년대 초반의 일이다. 고 박정희 대통령은 새로운 성장 동력을 고민하던 차에 중동지역에 관심을 갖게 되었다. 박 대통령은 현대건설의 고 정주영 회장에게 중동 진출을 위한 사전조사를 해오라는 특명을 내렸다. 정 회장은 중동을 다녀온 후 청와대로 들어가 박 대통령과 마주 앉았다.

대통령 그래 중동은 잘 다녀왔소? 중동은 어떤 곳이오?

정 회장 네, 그곳은 1년 내내 비가 오지 않아 쉬는 날이 없는 곳입니다. 게다가 모래와 자갈이 지천으로 널려 있어 골재를 따로 구하지 않아도 됩니다.

대통령 그래요? 그런데 물이 없지 않소?

정 회장 물이야 다른 곳에서 끌어오면 됩니다.

대통령 물은 그렇다 쳐도, 낮에는 40도 이상 올라간다고 하던데 근로자들이 일을 할 수 있겠소?

정 회장 낮에 자고 밤에 일하면 됩니다. 그곳은 정말 돈 벌기 좋은 기회의 땅입니다.

(정주영 회장 자서전 '시련은 있어도 실패는 없다' 중에서)

어찌 보면 황당하고, 어찌 보면 기발한 말이다.

과연 나라면 저런 생각을 할 수 있을까란 생각이 든다. 나라면 낮에 자고 밤에 일할 생각을 할 수 있었을까? 생각이 들었다 하더라도 실천에 옮길 수 있었을까?

여러분은 어떤가? 우리 앞에도 이런 발상의 전환과 무모한 실행을 해야 하는 순간이 놓여 있다고 생각하자. 그리고 그 순간은 앞으로도 계속될 것이다.

만약 정주영 회장이 살아 있다면, 불황기 세일즈의 어려움을 토로하는 사람들에게 이렇게 말하지 않았을까?

"호황기나 불황기나 우리를 오라는 시장은 원래 없었다.
불황기면 고객들이 시간이 많을 테니 만날 시간이 많아 좋고
고객과 인간적으로 친해질 기회가 많으니 더 좋다.
불황이라고 사람이 병에 걸리지 않고 사고가 나지 않는가.
오히려 불황이라고 활동하지 않는 세일즈맨들이 많으니
틈새시장이 늘어나서 더 좋다."

세상만사 상황이 중요한 것이 아니라 그것을 바라보는 관점이 중요하다. 그동안 일이 잘 풀렸다면 불황기라고 쉽게 그만두지는 않을 것이다. 어쩌면 불황은 세일즈라는 전쟁터를 떠날 핑계일지도 모른다.

필자는 강의를 업으로 하는 사람이다. 말이 좋아 강사이지, 20년 넘게 비정규직의 불안한 삶을 살아온 것이다. 방송에 나오고 나서 그나마 형편이 나아졌지만 20년이 결코 평탄하지는 않았다. 그러나 한 번도 그만두겠다는 생각을 해본 적이 없다. 어디에서 이렇게 좋은 직업을 구할 수 있을까? 힘들수록 탈출구를 찾고 새로운 시도를 많이 한 것은 맞다. 방송 출연도 그런 시도 중의 하나다.

세일즈뿐만 아니라 세상을 살아가는 일은 도전의 연속이다. 하지만 우리의 핏속에는 포기를 모르는 DNA가 있다. 악조건 속에서도 살아남는 정신, 포기를 모르는 불굴의 의지로 틈새시장을 개척하자.

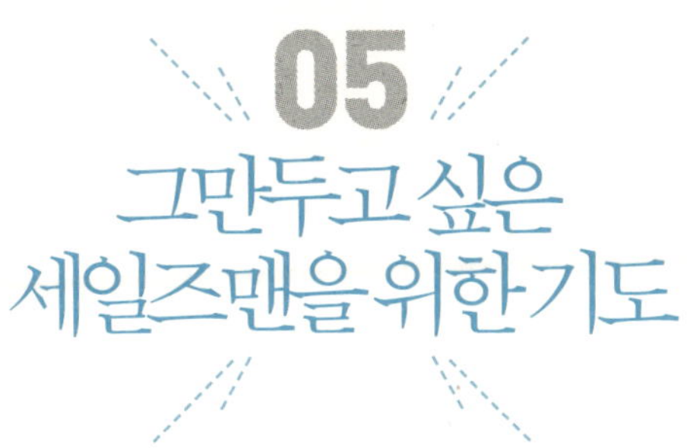

05
그만두고 싶은 세일즈맨을 위한 기도

세일즈를 하다 보면, 다 때려치우고 싶을 때가 많다. 지극히 자연스러운 현상이다. 스스로를 탓하지 말기 바란다. 원래 세일즈는 힘든 직업이다. 보험 세일즈를 하다가 전업한 사람들도 많이 있다. 애초에 자신과 맞지 않는 일일 수도 있다.

하지만 포기하는 것이 습관이 될 수 있음을 알아야 한다. 나는 당신이 어떤 일을 하든지 행복하기를 바라는 마음에서 이런 이야기를 하고 있는 것이다.

나도 세일즈가 지겨울 때가 있었다. 그만두고 싶고 어딘가에 숨고 싶을 때도 있었다. 아니, 많았다. 그럴 때마다 나를 붙잡아준 말들이 있다.

"기회란 준비가 행운을 만난 것이다."

"하나의 문이 닫히면 다른 문이 열린다."

"모사재인 성사재천(謀事在人 成事在天)"

"간절히 원하면 이루어진다."

모든 것을 그만두고 싶을 때, 세상이 나에게 기회를 주지 않는다는 생각이 들 때 위에 적은 네 가지를 되새기며 견뎠던 것 같다. 특히 마지막에 있는 "간절히 원하면 이루어진다."는 말은 고대부터 내려온 비전이다. 그런데 문제는 '무엇을 하면서 간절히 원하는가?'이다.

한 남자가 매일 신에게 큰돈을 벌게 해달라고 기도하자, 어느 날 신이 이렇게 응답했다고 한다. "나보고 어쩌라고? 복권이라도 사고 돈 벌게 해달라고 빌든지."

아무것도 하지 않은 채 간절히 원하면 아무것도 이루어지지 않는다. 문제는 포기하지 않고 끝까지 노력하는 것이다. 때가 되어 뭔가 올 때까지. 그런데 살다 보면 포기하고 싶은 마음이 굴뚝같을 때가 있다. 그럴 땐 어떻게 하면 될까? 다음의 글을 읽어보자.

백 번 이상 실패했던 8인의 이야기

- 20년 동안 평론가들로부터 "너저분한 잡동사니만 쓴다."고 비판 받았던 작가가 있었다. 그의 이름은 도스토예프스키다.

- 한 사업가는 무려 217번 투자를 거절당하고 218번째 투자자를 만나 사업을 시작할 수 있었다. 그는 스타벅스의 창업자, 하워드 슐츠다.

- NBA에서 9,000번의 슛을 실패하고 3,000번의 경기에서 패배한 농구 선수가 있었다. 그는 전설이 된 마이클 조던이다.

- 남이 먹다 버린 빵을 주워 먹으며 연명하던 거지 청년은 마침내 자신이 꿈꾸던 놀이공원을 만들었다. 그가 바로 월트 디즈니다.

- 끝이 보이지 않는 가난에 절망해 자살을 시도했던 한 남자가 있었다. 그는 세계 최대의 중식당 하림각의 남상해 회장이다.

- 한 청년은 백여 곳의 의상실에서 "당신은 절대 디자이너가 될 수 없다."란 소리를 들어야 했다. 그의 이름은 크리스찬 디올이다.

- "이 정도의 솜씨로는 작가가 될 수 없다."고 핀잔 받던 한 무명작가는 끝내 노벨상을 수상했다. 그는 어니스트 헤밍웨이다.

- 65세 노인은 1,009번을 거절당한 후에야 창업할 수 있었다. 그는 KFC를 만든 커넬 샌더스다.

　어쨌든 견디다 보면 뭔가 터닝포인트를 만나게 된다. 못 만나면 좀 더 기다리면 된다. 말장난 같지만 그것보다 더 나은 방법도 없다. 인생은 한 방이다. 인생은 우연이라는 말이 아니라 많은 시도를 하다 보면 얻어 걸리는 것이 있다는 의미다. 다시 말해 얻어 걸리고 싶으면 뭐라도 많이 해보라는 말이다.

　위에서 인용한 사례는 성공의 본질이 뭔지를 꿰뚫고 있다. 당신이 실패하고 좌절한 만큼 성공은 가까이 다가와 있다고 봐야 한다. 사랑하는 여러분, 방황과 절망 끝에 명작과 성공이 빚어진다는 사실을 잊지 말기 바란다.

> **"**
> 지금 힘들다는 것은 뭔가 다가오고 있다는 증거다.
> 좌절도 없고 절망도 없는 인생은
> 결국 아무것도 원하지 않는 인생이다.
> **"**

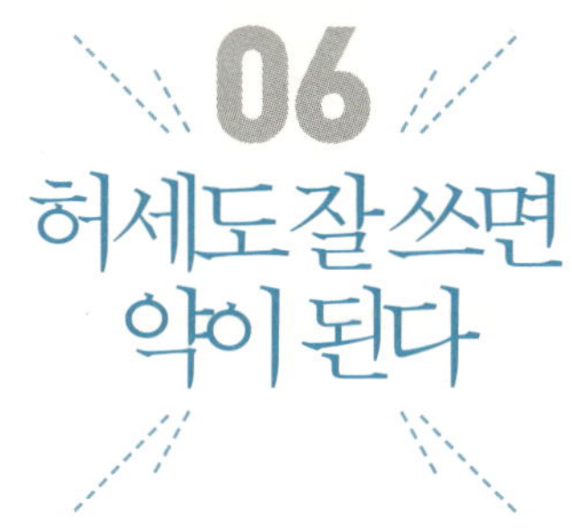

"여러분의 목표는 무엇입니까?"

"올해의 목표는 무엇입니까?"

대부분의 세일즈맨은 '목표'란 말만 들어도 알레르기 반응을 일으킬지 모르겠다. 그만큼 목표가 강조되는 직업이기 때문이다. 필자도 별로 다르지 않다. 필자의 올해 목표는 소박하게도 작년보다 조금 더 성장하는 것이다.

목표를 정했다면 그것을 달성할 방법을 수립하고 실행에 옮겨야 한다는 말을 무수히 들었을 것이다. 우리는 지키지도 못할 생활계획표 같은 것을 만들고, 평생 작심삼일을 무한 반복하며 살고 있는지도 모르겠다. 어쨌든 필자는 '작년보다 조금 더'라는 목표를 달성할 실행방안 한 가지를 정했다. 독자 여러분도 깜짝 놀랄 만큼 신선한 방안이다. 바로 올해는 '뻥 좀 치고 살자!'다. 절대 농담이 아니니 끝까지 들어보기 바란다.

항상 자신을 낮추고 예의 바르게 사는 것이 미덕이라 생각했는데 결국은 고생만 하고 사기 당하고 무시 당하고 살아왔다는 생각이 들었기 때문이다. 주변을 둘러보면 '돈 많은 싸가지들'이 왜 그리 많은지. 어쩌면 착하게 살면 복이 온다는 말은 부자들이 착하고 멍청한 사람들을 착취하기 위해 만든 말 같기도 하다. 착한 놈이 성공하는 것을 별로 본 기억이 없으니까.

또 우리는 늘 자신의 주제를 파악하라고 들어왔다. 자신의 주제를 너무나 잘 파악한 나머지 해외여행은커녕 국내여행도 가본 적이 없다. 열심히 일은 하지만 내가 원하는 것을 가져본 직이 없다. '빚을 다 갚은 후에'라고 미뤄놓지만 도통 빚은 줄지가 않는다. 돈은 내가 버는데 쓰는 것은 가족들이고, 심지어 고마워하지도 않는다. 늘 고객의 노후를 설계해주지만 정작 나의 노후는 암담하다.

내가 착하지 않게 살아서일까, 아니면 착하게 살아서일까. 아무리 생각해도 인과관계가 애매하다.

내가 원하는 것을 갖지 못했다면 대개는 내가 부족하고 열심히 하지 않아서라고 생각한다. 나도 마찬가지로 그랬다. 그런데 올해는 그런 생각을 버리고 새로운 생각을 실천하려고 한다. 지금껏 살아오면서 내가 하지 못했던 것, 부족했던 것 중의 하나가 '허세'다. 지금부터 나는 뻥치며 살려고 한다.

누가 많이 바쁘냐고 물어보면 늘 '적당히 바쁘다.'고 대답했다. 요즘 어떠냐고 물어보면 '그냥 똑같다.'라고 대답했다. 그런데 주변을 둘러보면 눈코 뜰 새 없이 바쁘다고 말하는 사람들이 많다. 방송을 탄 사람들 중에는 세 달치 강의 일정이 잡혔다는 둥, 돈을 아무리 많이 줘도 갈 수가 없다는 둥, 솔직히 뻥이 좀 센 분들이 계신다. 내가 알기로는 대부분 허풍이다. 우리끼리는 굳이 묻지 않아도 대충 안다. 그런데 일반인들은 그냥 믿는 경향이 있다.

문제는 그렇게 믿는 사람들이 다른 이들에게 그 얘기를 전한다는 거다. 그렇게 몇 단계만 거치면 그 말은 사실로 굳어지고 그에 대한 이미지로 고착된다. 아주 잘나가는 강사로 업계에 소문이 나고 사람들은 그 강사만 부르게 된다. 우리가 음식점을 가더라도 사람이 북적이는 곳을

선택한다는 것을 떠올려보자. '뻥'이 일종의 선순환을 시작하는 것이다. 강의 실력이 조금 부족하더라도 후광 효과가 커버해준다.

언제부턴가 나의 문제는 겸손한 것, 수수한 것, 착한 것(죄송합니다)이란 생각이 들었다. 잘난 척하지 않는 것, 나서지 않는 것, 주제 파악을 너무 잘하는 것, 소심하고 겁이 많은 것. 이런 것들을 한마디로 하자면 내 입으로 차마 꺼내기 어려운 말이지만 바로 '찌질한 것'이다.

그래서 지금부터는 달라지려고 한다. 최대한 잘난 척, 잘나가는 척 할 것이고, 누가 물어보면 일정이 너무 많아서 죽을 지경이라고도 대답할 것이고, 1년 만에 빚을 다 갚을 만큼 돈을 벌었다고 할 것이고, 기왕 고객이랑 식사할 때는 좋은 곳에서 팍팍 쏠 것이다.

허세와 뻥도 잘 쓰면 약이 된다.

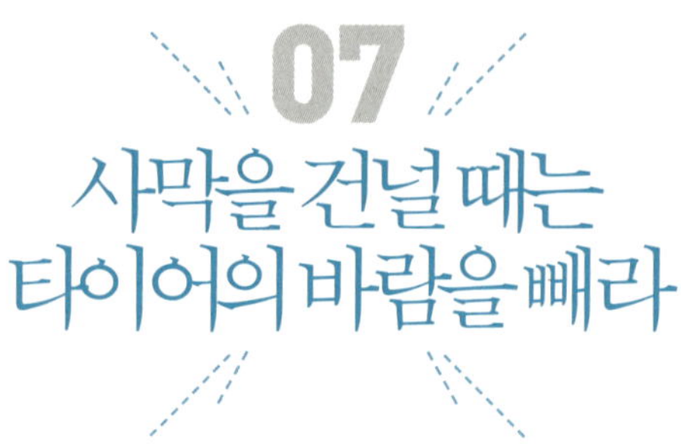

자동차로 사막을 횡단하면서 경험했던 것을 기록한 책을 읽은 적이 있다. 사막을 인생이나 힘든 현실이라 보면, 사막을 건너는 방법은 힘든 현실을 잘 이겨내는 방법일 것이라 생각해 흥미롭게 읽은 기억이 난다.

주인공은 사막을 횡단하는 몇 가지 방법을 제시했는데, 그중에서 지금까지 이것 하나만은 내 머릿속에 선명하게 각인되어 있다.

'사막을 건너기 전에는 타이어의 바람을 빼라.'는 것이다. 그 말을 듣는 순간 뭔가 가슴에 확 끼쳐오는 것이 있었다. 여러분은 어떤가. 타이어가 팽팽하면 바퀴가 땅에 닿는 면적이 좁아져 곱디고운 모래 속에 빠지게 된다. 사막에서 오도 가도 못하게 되는 상황이 되는 것이다.

책을 읽으면서 나는 타이어에 내 자신을 이입하고 있는 것을 발견했다. 바람을 빼라는 것, 그건 자존심을 버리라는 말로 자연스럽게 치환되었다. 보험 세일즈를 할 때도 이 원칙은 그대로 적용된다. 아무리 보험이 가치 있는 직업이라 해도 세일즈는 세일즈다. 몸이 힘든 것은 참을 수 있으나 자존심이 다치는 것은 참기가 어렵다.

자존심이란 단어 때문에 하고 싶은 것을 못 하고, 하기 싫은 것을 해야 하고, 좋은 사람과 사귀지 못하고, 싫은 사람과 함께해야 하는 경험을 우리는 무수히 하고 살아왔다. 어찌 보면 사는 것 자체가 세일즈와 비슷하다는 생각이 든다.

나도 다른 사람에게 뭔가를 부탁하는 것이 참 싫다. 정말 싫다. 하지만 부탁하지 않으면, 누군가를 만나지 않으면 이 생활을 지속할 수가 없다. 세상일이 드라마나 영화처럼 술술 풀리지 않는다. 영화나 드라마는 몇 달 만에 끝나지만 인생은 영화보다 훨씬 길다. 영화는 작가나 감독의 의도대로 만들 수 있지만 내 인생은 내 마음대로 되지 않는다.

그야말로 바람을 막으면 또 바람이고, 모래를 퍼내면 또 모래다. 우리는 자존심을 버려야 한다. 하지만 말처럼 쉽지가 않다. 어찌하면 자존심을 버릴 수 있을까? 솔직히 모르겠다. 다시 생각해보면 '버린다'는 말에 어패가 있다. '참는다'는 표현이 보다 정확할 것이다. 우리에겐 '채우는 것, 잘되는 것'이 바로 자존심을 회복하는 일일 것이다.

그래서 우리는 목표를 세운다. 목표가 달성되었을 때의 기쁨을 상상하면서 오늘도 참는다. 지금까지 잘 참았는데, 조금 더 참지 못해 일을 망치는 우를 범하지는 말아야겠다. 참자, 또 참자. 사막을 건널 때는 타이어의 바람을 빼야 한다. 보험 세일즈를 하는 사람은 바람을 매일 빼야 한다.

솔직히 말하자면 우리는 본능적으로 바람을 뺀다. 여러분도 그렇지 않은가. 조금만 더 빼면 프로의 경지에 도달한다. 여기까지 온 사람도 많지 않다. 힘들고 고통스러웠던 적도 많았지만, 고통 없이 이룰 수 있는 일이 무엇이 있겠는가. 힘들다는 것 자체가 뭔가 대단한 일을 하고 있다는 것이다.

당신은 존경 받아 마땅하다. 당신은 세일즈맨으로서 잘 살았고 지금껏 잘해왔다. 이 책을 읽고 있는 것이 그 증거다. 뭔가 원하는 것을 향해 나아가고 있다는 징표다. 바람이 차면 빼고 차면 빼고 하다 보면, 1년이 흐르고 10년이 흐른다. 그러면 이젠 바람을 뺄 일도 없다. 가득 차기도

전에 자동으로 빠진다. 당신은 프로가 된 것이다.

당신은 멋진 프로다. 이제 남은 단계는 프로 중의 프로의 경지에 이르는 일뿐이다.

> 66
> 사막을 건너기 위해 타이어에 바람을 조금 더 뺀다고
> 뭔 일 나지 않는다. 조금만 더 빼자.
> 자존심을 1그램만 더 덜어내잔 말이다.
> 99

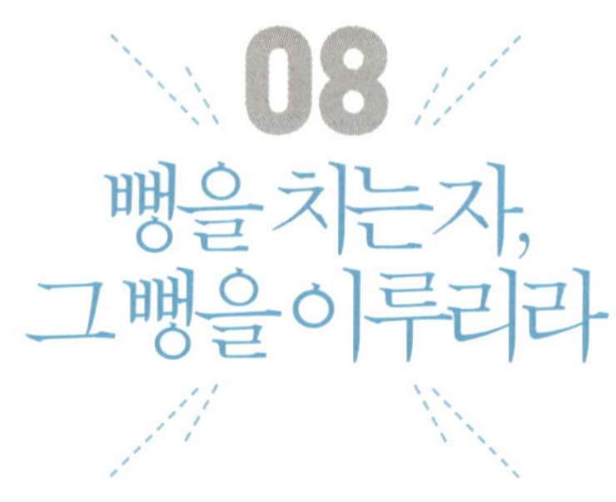

필자가 방송에도 자주 나오고 강의 요청도 많다 보니 도대체 얼마나 버는지 궁금한 모양이다. 대놓고 일 년에 얼마나 버느냐, 강의는 한 달에 몇 번 하느냐고 묻는 사람들도 있다. 그러면 나는 작년에 세금만 일 억을 납부했고 강의는 거의 매일 한다고 말해준다. 사실이냐고? 아직은 뻥이다.

그들의 질문에 사실대로 대답해주기는 어렵다. 영업 비밀이기 때문이다. 그런데 경험상 줄여서 말하면 별거 아니라는 반응을 보이면서 조금은 안심하는 듯한 표정을 읽을 수 있다. 조금 뻥을 치면 살짝 놀라는 표정이다. 이제까지는 겸손을 떨면서 낮은 곳으로 임했지만 지금부터는 뻥을 쳐봐야겠다는 계획을 가지고 있다.

그래서 강의는 매일 하거나 하루에 두 탕 뛰는 걸로, 소득은 세금만 일 억 내는 걸로 결정했다. 뻥 치는 김에 건물도 하나 보러 다닌다고 해야겠다. 방송과 강의 요청이 너무 많아 보약을 먹어가며 강의를 한다고도 해야겠다. 내가 만난 방송 지인 중엔 지금 잘나가는 사람이 있는데, 그에게서 뻥 냄새가 강하게 풍길 때가 있다. 밥 한 번 먹으려고 약속 잡기도 어려울 정도이다. 사무실을 방문하려고 해도 꼭 날짜를 몇 개 뽑아 그날 외엔 만나기 어렵다고 한다. 지독한 뻥 꾼이다.

심지어 일이 너무 많아 암환자에게 투여하는 영양제를 맞는다고 한다. 그 친구는 회식을 해도 항상 자기가 쏜다. 늘 바쁘다고 하니 정말 더 바빠지는 것 같다. 늘 잘 쏘니 더 잘 버는 것도 같다. 그는 지금도 잘나간다. 그에게 배울 것이 있다면 늘 당당한 것, 늘 자신감이 넘치는 것, 그리고 뻥이다.

나중에야 들은 사실이지만 그 친구도 많이 힘든 시절이 있었다고 한다. 요즘에야 겨우 한숨 돌리는 정도라는 말도 들었다. 가만히 되짚어 보니 정말 잘나가게 된 것은 한 2년 전부터인데, 그 친구는 4~5년 전부터 잘나간다고 뻥을 쳤던 것 같다. 물론 지금은 내가 봐도 뻥이 아니다, 팩트다.

그 친구가 잘나가는 이유가 항상 궁금했는데, 그것이 바로 뻥이란 생각이 든다. 뻥이란 좋은 의미로 자기 최면이 아닐까? 말이 씨가 된다고 뻥이 현실이 된 것이다. 우리가 일을 대하는 자세, 타인을 대하는 태도에 대해 다시 한 번 생각하게 해준 친구다.

그래서 나도 뻥을 치려고 마음먹었는데, 갑자기 뻥을 치면 탄로가 날 터이니 준비를 하기로 했다. 다음과 같은 뻥 시나리오를 작성한 것이다.

강의는 매일 피곤할 정도로 하고 웬만한 곳은 가지 않는다.
3개월 전에 강의를 잡지 않으면 원하는 시간에 맞춰줄 수 없다.
너무 바빠 매니저를 두어야 할 정도라 지금 알아보고 있다.
작년에 세금을 1억 가까이 냈다.
한 프로그램에서 MC를 보라는 요청을 받았는데 고민 중이다.
너무 바빠 방송과 강의를 줄일 것을 심각하게 고민하고 있다.

뻥도 치면 는다고 하는데 우선 이 정도에서 시작해야겠다. 잘나간다고 뻥을 치다 보면 실제로 그런 일이 일어날 가능성이 높아질 것이다.

사실 뻥의 본질은 자기 확신이다. 자기가 믿고 싶은 것을 입으로 말하는 것이다. 나는 늘 바쁘다고 하는 사람이 더 바빠질 것이라 믿는다. 지금 생각해보면 나도 예전에 뻥을 하나 치기는 했다. 늘 방송에 나갈 것이라 한 것이다.

나는 목표를 말한 것이지만 다른 사람들에겐 뻥으로 보였을 것이다. 그런데 그 뻥이 현실이 되었다. 이런 뻥이라면 많이 칠수록 좋을 것 같다. 나의 뻥 시나리오를 자주 읽고 자주 말해야겠다. 나중 일은 생각하지 말자. 사람들은 어차피 결과만 본다. 그리고 나에게 그렇게 관심도 없다. 무엇이 두려워 뻥을 치지 못할 것인가?

나는 뻥이 현실이 되는 그날까지 계속할 것이다. 늘 뻥을 치는 사람이 그 뻥을 이루리라.

> **"**
> 뻥은 자기 선언이다. 뻥은 자기 확신이다.
> 오늘 당장 자신만의 뻥 시나리오를 만들어보자.
> **"**

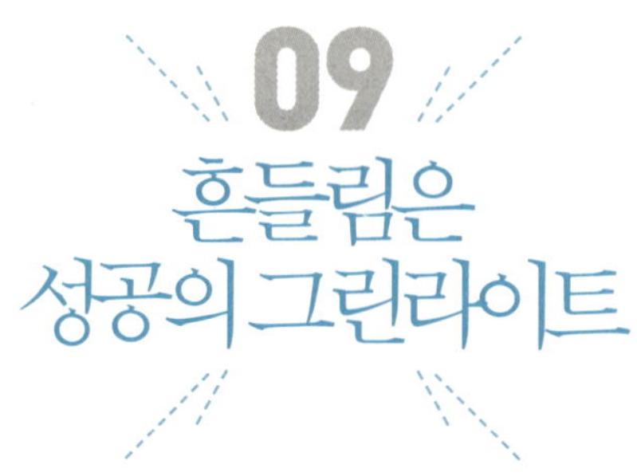

흔들림은
성공의 그린라이트

세일즈를 하다 보면, 아니 살다 보면 흔들리는 날이 있다. 우리는 어릴 때부터 흔들리면 안 된다고 배워왔다. 흔들리다 보면 그런 자신이 미워진다. 이상과 현실의 괴리가 생기는 것이다. '포기'란 이런 틈새를 비집고 들어온다. 또 틈새를 더 벌어지게 함으로써 더 이상 메울 수 없는 간극을 만든다.

그런데 흔들리는 것은 당연하다. 당연하다고 받아들여야 한다. 죄의식을 가질 필요도 없고 자신의 나약함을 탓할 필요도 없다. 누구에게나오는 과정이고 인생을 통해 계속 만나야 하는 친구이기 때문이다.

흔들림을 극복하기 위해서는 더 흔들리는 것도 방법이다. 억지로 흔들리지 않으려고 힘주고 있으면 병이 더 깊어진다. 방황은 성공의 밑거름이라고 생각하라. 방황과 절망이 없이는 성공도 없다. 당신이 원하는 것이 있어서 흔들리는 것이다. 당신이 간절히 원하는 만큼 흔들리는 것이다. 그렇다면 흔들림은 성공의 그린라이트가 아닐까.

세일즈를 하다 보면 새로운 흔들림과 만나게 된다. 사람을 만나는 직업이기 때문이다. 새로운 사람을 만나면 새로운 고통이 오기 마련이다. 보험에 입문한 여성이라면 전업주부일 때의 괴로움과는 차원이 다른 괴로움이 올 것이다. 나도 그렇고 당신도 그렇고 옆집 아저씨도 그렇다. 중요한 것은 고통이 아니라 우리의 반응이다. 자신에게 이렇게 선언하라.

"새로운 고통이 온다는 것은 내가 성장하고 있다는 증거다. 머물러 있는 사람에겐 새로운 고통이 오지 않는다. 고로 나는 이 고통을 기꺼이 받아들일 것이다. 나는 새로운 고통을 원한다. 내가 진보하고 있다는 가장 확실한 징표이기 때문이다."

개똥철학으로 보일지 모르지만 이것이 나의 내면의 소리다. 우리에게 가장 큰 영향을 주는 사람은 자신이고 내면의 소리다. 힘들 때는 더욱 더 내면의 소리에 귀 기울이자. 그것이 나를 견디게 하는 힘이고 바람을 견뎌내는 뿌리이기 때문이다.

세상은 말한 대로 이루어진다고 한다. 그런데 솔직히 그게 맞는지 그른지에 대한 확실한 증거는 없다. 그냥 살아오면서 부모나 책을 통해 무의식적으로 세뇌된 것일 뿐이다.

"갸 봐라. 매일 혼자 산다고 하더니 오십인데 아직도 혼자 살잖니."

"철수는 어릴 적부터 가수 되겠다고 입에 달고 살더니 정말 가수가 됐더라."

이렇게 우연인지 필연인지 알 수 없는 애매한 증거들만 있을 뿐이다. 정말 말한 대로 될까? 말이 씨가 될까? 그런데 다음의 말들을 비교해보자. 분명히 느낌이 다를 것이다. 자신이 하는 말은 가장 강력한 자기 암시다. 긍정적인 말을 하는 사람과 부정적인 말을 하는 사람의 앞날이 같을 수가 없는 것이다.

"난 뭘 해도 되는 일이 없어. 운도 복도 지지리도 없지."
"에휴, 지겨운 내 인생. 난 이대로 살다가 죽을 거야."

"지금도 점점 좋아지고 있고, 내일은 더 좋아질 거야."
"난 꼭 성공할 거야. 억대 연봉자가 될 거야."

생각해보라. 나는 지금 어떤 말을 하고 있는가? 10년 전부터 알고 지내던 지인이 있다. 그와 통화를 하던 중에 지인이 불쑥 내게 이런 말을 던졌다.

"강사님은 정말 말한 대로 살고 계신 것 같아요."
"뭔 말이요? 내가 무슨 말을 했는데요?"
"늘 방송에 출연할 거라고 하셨잖아요."
"내가 정말 그런 말을 자주 했나요?"

“몇 년 동안 노래를 부르셨을 걸요?”

그런데 가만히 생각해보니 이런 말을 처음 들은 것이 아니다. 다른 거래처 직원도 내게 그런 말을 한 적이 있다.

“강사님을 TV에서 보면 신기해요. 정말 말씀하신 대로 되는 것 같아서요.”

또 다른 지인은 내게 이런 말을 했다.

“대단해요. 포기하지 않고 끈덕지게 밀어붙이니 되긴 되네요.”

정말 말한 대로 되는 걸까? 내가 방송 출연할 거라고, 유명 강사가 될 거라고 말하고 다니긴 했지만 정말 그렇게 될 줄은 몰랐다. 그저 뭐라도 말해야 살 것 같아서 염불하듯 입에 달고 다녔다는 것을 인정은 한다.

그런데 지인들의 말을 듣고 보니 말한 대로 되는 것 같다는 생각도 든다. 설령 안 된다고 해도 손해 볼 것도 없지 않는가. 나는 앞으로도 계속 이런 말을 하고 돌아다닐 작정이다.

“난 이제 방송에서 진행을 해볼 거야.”

“가족 캠프를 만들어서 대한민국 가정의 행복 지킴이가 될 거야.”

“난 대한민국 최고의 명강사가 될 거야.”

“일이 잘 풀려서 너무 행복하고 감사해.”

참, 한 가지가 더 있다.

"감사합니다. 덕분입니다. 우리 함께 성공해요."

> 지금 당신이 하고 있는 말은 미래라는 밭에
> 씨를 뿌리는 것이다. 좋은 씨를 뿌릴 것인가,
> 썩은 씨를 뿌릴 것인가? 전적으로 당신 소관이다.

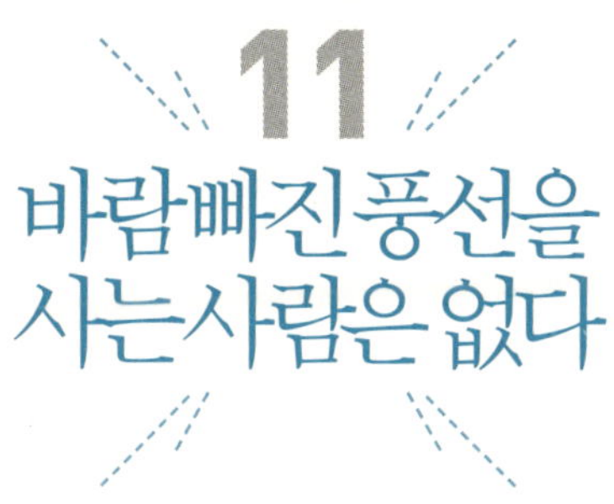

놀이공원에서 풍선을 고른다. 아마 가장 팽팽한 풍선을 골라 아이 손에 쥐어줄 것이다. 이를 세일즈에 대입시켜보자.

세일즈를 하는 사람들은 가판대에 놓인 알록달록한 색깔의 풍선이다. 그중엔 바람이 빵빵하게 들어간 풍선도 있고 바람이 빠진 풍선도 있다. 고객의 입장에서 어떤 풍선을 고를지는 자명하다.

그렇다면 늘 바람이 꽉 차 있는 풍선처럼 보이려면 어떻게 해야 할까? 지치고 상처받아 쉽게 쭈그러드는 자신에게 힘차게 기운을 불어넣어주면 된다. 풍선은 스스로 바람을 불어넣을 수 없지만 다행히 우리는 스스로 치유하고 위로할 수 있다. 바야흐로 셀프 위로가 필요한 시대다.

이제 스스로에게 바람을 좀 넣어주자. 스스로를 칭찬해주자. 나에게 선물도 주고 투자도 하자. 얼마나 열심히 살아온 나인가. 뜻대로 안 되는 것은 절대 내 탓이 아니다. 인생을 살다 보면 화살을 열심히 날려도 과녁에 꽂히기는커녕 가끔은 옆 과녁에 맞기도 하는 일이 부지기수다. 10점짜리 골드에 맞지 않으면 어떠랴. 7~8점짜리에만 맞춰도 엄청 고마운 일이다. 세상엔 화살조차 쏘지 않는 사람이 부지기수인데, 당신은 화살을 열심히 쏘았다.

힘들지 않은 사람은 없다. 누구나 고민한다. 내가 제일 부러워하는 사람도 고민은 있다. 착하게 사는 것도 좋지만 너무 착한 것도 문제다. 때로는 나쁜 사람, 나만 아는 이기주의자가 되어야 한다. 내가 똑바로 서야 가족도 위로할 수 있다. 당신이 여자라면 착한 여자, 착한 아내 콤플렉스에서 벗어나자. 당신이 남자라면 좋은 사람의 굴레를 벗어버리자.

아침마다 거울을 보면서 스스로에게 바람을 넣자.

“오늘은 잘될 거야. 오늘은 좋은 일이 생길 거야.”

“너 참 대단하다. 이렇게 힘든 일을 매일 해내다니.”

66
거울 속에서 아름다운 사람 하나가 당신을 바라보고 있다.
그가 바로 바람이 꽉 찬 당신이기를 바란다.
99

어느 바보의 고백

나는 바보예요.

나도 알아요. 애써 말할 필요도 없죠.

내겐 나와 비슷한 조 크레이크, 짐 스터프,

하이런 언더우드라는 친구들이 있죠.

우리는 한 옥수수 밭의 옥수숫대처럼 함께 자랐어요.

그런데 나는 내가 바보라는 것을 알았지만

친구들은 자기들이 바보라는 것을 몰랐어요.

자기가 대단하다고 생각했죠.

나는 친구들을 비웃으며 말했어요.

"이 바보 같은 놈들, 큰 세상으로 한 번 나가봐라.

니들이 얼마나 바보인지 곧 알게 될 테니까."

조 크레이크는 자기가 바보인 줄 몰랐어요.

그런데 여러분, 그 바보가 주지사가 되었어요.

짐 스터프, 이 멍청한 놈은 전쟁터에 나가더니

장군이 되어 돌아왔어요.

하이런 언더우드, 우리 중에 제일 바보였던 그놈은

철도 관련 일을 한다더니 백만장자가 되었어요.

나는 가끔 옥수숫대 사이에 앉아 이런 질문을 하죠.

우리 넷은 하나같이 바보였는데, 나만 빼고 세 놈은

자신들이 바보인지를 몰랐어요.

나는 스스로에게 물어봐요.

"만약 내가 바보라는 사실을 몰랐다면 어떻게 되었을까?"

내가 지금 정말 바보처럼 집에서 빈둥거리거나

옥수수 밭에서 힘들게 일하는 건

내가 바보라는 걸 알았기 때문이지요.

만약 내 친구들처럼 내가 바보라는 것을 몰랐다면

난 지금쯤 대통령이 되어 있을지도 몰라요.

– 샘 월터 포스(Sam Walter Foss)

세일즈는 나의 운명

Sales communication

가끔 나는 내게 묻는다. 나는 왜 세일즈를 하는가?

돈을 벌기 위해서? 그렇다, 동의한다. 돈이 중요하다.

책임감 때문에? 맞다. 나는 가족을 책임져야 한다.

성공을 위해서? 글쎄, 딱히 그런 것 같지는 않다.

내 마음 깊은 곳에게 다시 묻는다. 나는 왜 이 일을 하는가? 뭔가 증명해보이고 싶은 욕망 같은 것이 어렴풋이 잡힌다. 내가 어떤 능력을 가지고 있는지 제일 먼저 내 자신에게 증명해보이고 싶은 것이다. 그렇다면 어떻게 증명할 수 있을까? 답은 간단하다. 도전해서 성공하면 된다.

사실 요즘 성공했다는 소리를 자주 듣는다. 고등학교, 대학교 동창들이 주로 그렇게 말한다. "야, 너 성공했더라. TV에도 자주 나오고."

하지만 나는 방송에 나오는 것이 성공이라고는 생각하지 않는다. 적어도 내게 성공이란 나의 꿈을 실현하는 것이다. 나의 꿈은 방송에 많이 나오는 것도, 돈을 많이 버는 것도 아니다. 내가 꿈꾸었던 것들(가족 캠프 만들기, 가정상담소 전국 프랜차이즈 만들기, 그리고 지금 밝힐 수 없는 또 한 가지)을 이루는 것이다.

내가 방송 출연을 그렇게 염원했던 것도 나의 꿈을 이루기 위한 가장 효율적인 수단이기 때문이다. 내가 방송 일을 열심히 하는 것은 나의 꿈을 이루는 과정의 하나다. 꿈을 위해 나는 무모한 도전도 마다하지 않는다. 때론 하기 싫은 일도 기꺼이 한다. 꿈이 있어서 아무리 힘들어도 포기하지 않는다. 그 꿈이 나를 계속 몰아붙인다.

결론적으로 내가 일을 하는 이유는 두 가지다. 나를 내 자신에게 입증해 보이는 것, 그리고 나의 꿈을 이루는 것!

혹시 콧대를 눌러주고 싶은 미운 사람이 있는가? 그 사람을 미워하면서 콧대를 눌러주는 그날을 위해 열심히 노력하자. 그리고 마침내 그 순간이 오면 그가 나의 은인이라고 생각하자. 미워하는 사람은 소중하다. 그가 나를 자극하고 움직이게 하기 때문이다.

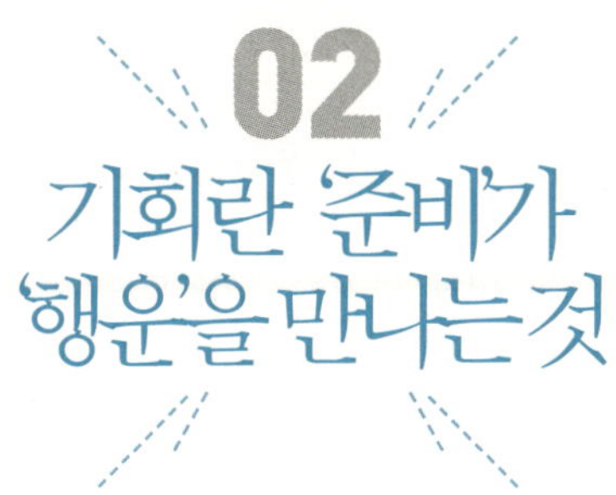

우리는 철이 들면서부터 무수히 많은 목표를 세우며 살아왔다. 성적, 금연, 다이어트, 영어공부, 운동 등등 지금도 끝없이 목표를 세우고, 허물어지고, 또 세우며 산다. 목표는 누구나 세우지만 그것을 달성하는 사람은 드물다. 목표란 간절한 사람에게만 달콤함을 보여주는 기적의 단어다. 우리는 왜 목표 앞에서 번번이 무너질까? 목표를 달성하려면 어떻게 해야 할까? 세 가지 원칙을 지키면 된다.

일단 좋은 목표를 세워라.

일급 요리사라도 안 좋은 재료로 훌륭한 요리를 만들긴 어렵다. 좋은 목표를 정하면 이미 반 이상 달성한 것과 다름이 없다고 해도 과언이 아니다. 그렇다면 좋은 목표란 뭘까? 구체적이고, 달성 가능하며, 한시적이어야 한다.

예를 들어 나의 목표가 '행복한 사람' 혹은 '열심히 살자.'라고 해보자. 좋은 목표가 아님을 한눈에 알 수 있다. 구체적이지 않고, 될 법하지도 않고, 기약도 없다. 목표를 정한다면서 인생의 좌우명을 정하는 사람들이 의외로 많다. 목표는 구체적으로 표현될수록 좋다. 예를 들어보자. '올해 거래처를 10개 더 확보한다.' '고객의 숫자를 30명 더 늘린다.' 등이 되겠다. 1년의 목표, 10년의 목표, 두 가지로 세우는 것이 좋다.

좋은 목표의 특징은 결과를 상상하게 만들고, 행동을 유발한다. 목표가 달성되었을 때 나에게 벌어질 일을 생각하는 것이 너무 행복하다면 그것을 포기하기 힘들지 않겠는가.

다음, 목표를 매일 생각하라.

비가 올 때까지 기우제를 지내기 때문에 기우제의 성공률이 100%라는 인디언 얘기를 떠올려보라. 인디언 속담 중엔 '원하는 것을 입으로만 번만 말하면 이루어진다.'는 것도 있다. 자, 계산해보자. 하루에 열

번씩 읊는다 해도, 만 번을 말하려면 대략 3년이 걸린다. 만 번 말한다는 것은 만 번 생각한다는 것이다. 무언가를 그렇게 오랫동안 생각해본 적이 있는가. 나는 방송에 출연하겠다는 목표를 10년쯤 생각했다. 단 하루도 생각하지 않은 날이 없었다. 심지어 하늘을 원망하고 삿대질을 한 적도 있었다. 참 이상하게도 목표가 가까워질수록 시련이 더 커졌던 듯하다.

생각만 할 때는 시련이 없었다. 그러나 실천에 들어가니 오히려 시련들이 나를 득달같이 쫓아왔다. 그러니 지금 시련에 봉착해 있다면, 내가 행동을 하기 때문이라고 생각해야 한다. 생각만 하는 사람에게 시련은 없다. 단지 자괴감과 시기와 질투, 자기 비하만이 있을 뿐이다.

마지막으로 질문을 하고, 답을 찾고, 행동에 옮겨라.

'어떻게 하면 목표를 달성할 것인가?'라는 질문을 계속 던져라. 그러면 방법이 떠오를 것이다. 그러면 그것을 실천하면 된다. 물론 실천한다고 계획대로 되지는 않을 것이다. 그러나 꾸준히 실천하다 보면, 당신은 기적을 경험하게 된다.

실패가 모여서 실력이 되고 그것이 다시 행운이 되는 기적 말이다.

'왜 나는 안 될까?'란 질문은 하면 안 된다. 자꾸 안 되는 이유만 떠오르기 때문이다. 그 이유들이 나를 실패로 이끄는 주요 원인이다. 부정적인 생각을 하면 적극적으로 행동할 수 없게 된다. 몰입을 할 수도 없다. 완전히 미쳐도 성공할까 말까 한데, 부정적이면 실패는 따 놓은 당상이다.

당신이 할 일은 미련하게 실행하는 것뿐이다. 나는 종교를 믿지 않지만 하늘을 믿는다. 이 우주에는 무언가 내가 모르는 것이 있음을 느낀다. 성공에는 분명 운이 필요하지만, 그 운도 노력하는 사람에게 오게 마련이다. 힘들 때마다 나를 잡아준 명언을 하나 소개하겠다.

기회란 '준비'가 '행운'을 만나는 것이다. - 세네카

'아, 그렇구나! 아직 준비가 부족했구나.'라고 마음을 다잡고 1년을 보내고, 또 1년을 더 보냈다. 내가 방송 일을 하게 된 것은 결코 우연이 아니었다. 10년을 생각했고 목표를 세웠고 실천했다. 10년 중 마지막 3년은 정말 힘들었다. 그런데 신기하게도 정말 죽기 직전에 문이 열렸다. 내가 포기하지 않았기 때문이다. '포기하지 말자. 한 번만 더 해보자.' 정신이 나를 살렸다. 1미터만 더 파면 물이 샘솟는데 그걸 하지 않고 돌아서서는 안 된다.

힘든 시간을 보내는 동안 나는 그것이 준비의 과정인 줄을 몰랐다. 그걸 알았다면 좀 더 열심히 했을 것이란 후회도 있다. 이 책을 읽는 독

자에게 간곡하게 말하고 싶은 것이 바로 이것이다. 새벽이 가장 어두운 법이다. 부디 정상 직전에서 돌아서는 일은 하지 않길 바란다.

> 66
> 목표는 생물이다. 하나의 목표는 그것이 이루어지는 순간,
> 반드시 다음 목표를 남겨놓고 떠난다.
> 99

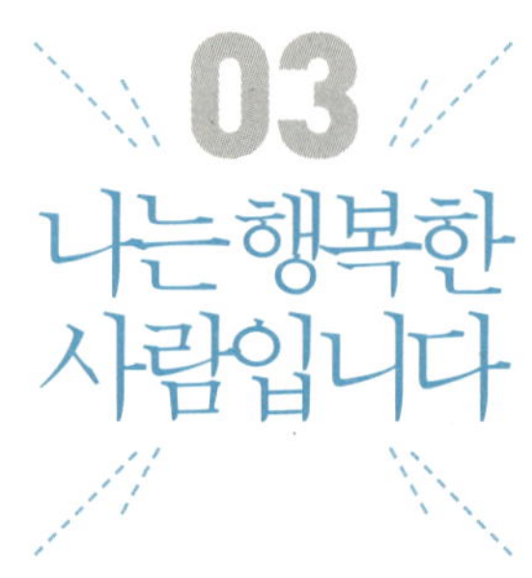

막 예순이 되었다는 A는 소녀처럼 수줍게 웃으며 말했다. 자신이 보험 일을 하지 않았더라면, 지금쯤 옆집 아줌마들과 몰려다니며 남편 욕이나 했을 것이라고. 일을 하면서 이해하게 되었단다, 밖에 나가면 하고 싶지 않은 일을 해야 하고 먹고 싶지 않은 술을 먹어야 한다는 남편의 말을.

A는 자신이 이 일을 하지 않았다면 지금쯤 너무 외롭고 힘들었을 것이라고도 했다. 보험이 고객을 돕는 일이지만, 사실은 자신이 고객에

게 도움을 많이 받고 있다는 말이다. 그들이 사는 모습, 하나하나 성취하는 모습, 어려움을 극복하는 모습은 그 자체가 인생의 교과서라고 했다. 봉사활동의 가장 큰 수혜자가 사실은 봉사하는 사람 자신이라는 말과 일맥상통하지 않는가.

20년간 보험 일을 했다는 50대 중반의 B는 보험을 사랑한다고 했다.

그녀는 자신의 연봉이 4~5천만 원 된다고 하면서, 자기 나이에 그런 연봉을 받는 사람이 몇이나 되겠냐고 했다. B는 자신의 힘으로 아이들 공부시키고, 노후 준비도 어느 정도 한 자신이 참으로 대견하다고 한다. 이제는 정기적으로 여행도 하고 자신에게 투자도 하면서 산다고, 자신이 행복하니 가족도 행복한 것 같다고 미소 지었다.

또 무엇이 좋으냐고 물었더니 심심하지 않다는 대답이 돌아왔다. 매일 출근할 곳이 있고 만날 사람이 있어 좋단다. 차 한 잔 할 수 있는 곳이 지천에 널려 있으니 이 얼마나 좋으냐고 한다. 이어서 B가 한 말을 그대로 전해보겠다.

"직업이 있다는 것이 정말 든든해요. 20년 동안 해온 이 일이 하루아침에 사라지진 않겠죠? 명퇴 당할 일도 없을 거고요. 왜 이제야 이런 생각이 드는지 모르겠어요. 직업이 곧 노후보장이란 것 말이에요. 고령

화가 문제라고 하는데, 저는 70까지는 할 수 있을 것 같아요. 자신이 할 수 있을 때까지 열심히 일하고, 그 이후엔 편안한 노후를 즐기는 게 행복 아닐까요? 지금 생각해보니 저를 보험으로 이끌어준 그 언니가 참 고맙네요.”

B는 프라이드가 대단했다. 나는 그녀가 이 일을 아주 오래할 것이라 생각했다.

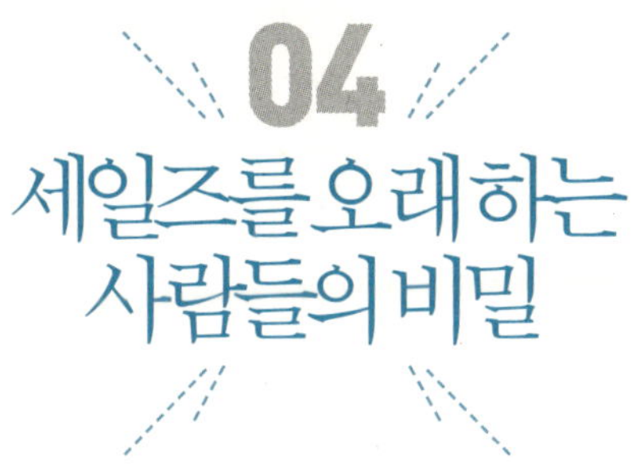

세일즈라는 직업 자체가 딱 몇 년 만 고생하면 평생 여유롭게 살 수 있는 직업은 아니다. 만약 당신이 보험 세일즈를 20년 한다면 20년 내내 고생할 것을 각오해야 한다. 물론 그 고생을 받아들이는 감도는 점점 약해질 것이다. 매년 금융환경이 다르고, 고객의 수준이 다르고, 이탈하는 고객이 생기기 때문에 보험 세일즈는 또 하나의 개척 전쟁이다.

사실 몇 년 고생해서 평생 여유롭게 살 수 있는 직업 따위는 없다. 확실하게 단언할 수 있다. 누구는 변호사, 의사를 부러워하지만 그들 나름의 고충이 있다. 사는 건 절대 만만하지가 않다. 물론 크게 한탕 사기를 친다면 모르겠지만.

오랜 세월, 세일즈를 한다는 것은 어떤 의미일까?

이렇게 생각해보자. 꿈의 무대인 메이저리그에 진출한 야구 선수가 있다. 그는 다년간 억대 연봉을 보장받았다. 그는 과연 행복할까? 절대 아닐 것이다. 메이저리그의 선수들은 부상과 성적 부진에 대한 걱정으로 원형 탈모증까지 생길 정도라고 한다. 오랜 세월 세일즈를 한다는 것은 매년 그에 걸맞는 노력을 하고 실적을 올려야 한다는 의미다. 야구 선수가 연습을 게을리하지 않고, 매 경기에 집중하고, 슬럼프에서 벗어나려고 노력하듯이 세일즈맨은 고객을 발굴하고, 고객관리를 충실히 하고, 고객 중심의 삶을 살아간다.

만약 당신이 일확천금을 꿈꾼다면 세일즈란 직업을 갖지 말아야 한다. 세일즈란 매일 나의 활동이 월말의 결과로 나타나고, 매달의 마감이 연봉을 결정짓는 정직한 직업이다. 나는 이 글을 읽는 분들이 판매왕, 보험왕이 되기를 바라지 않는다. 정직하게 노력해서 중간 정도의 수준으로 오래 일할 수 있는 세일즈맨이 되길 바란다.

그렇게 하다 보니 고액 연봉을 받게 된다면 그 또한 좋다. 하지만 그런 자리는 목표가 될 수 없다. 어떤 과정 끝에 자연스럽게 찾아오는 것이어야 한다. 필자의 경험으로 보아, 세일즈를 오래하는 사람들은 모두 '적당히'의 미덕을 아는 분들이다.

> 66
> 우리에게는 오늘이 내일이고,
> 이번 달이 다음달이고, 올해가 내년이다.
> 오늘을 잘사는 사람이 오래오래 잘산다.
> 99

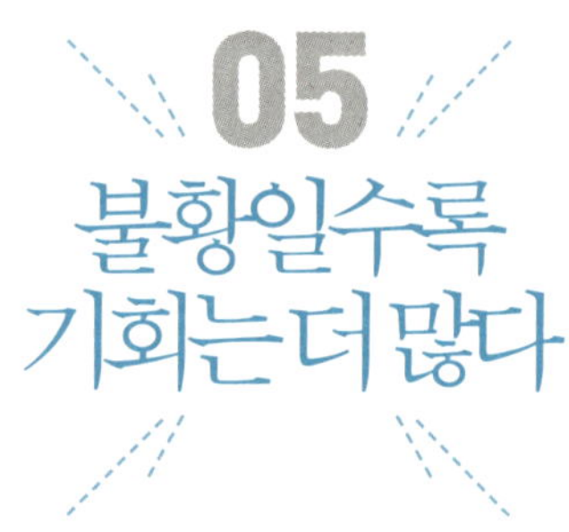

05
불황일수록
기회는 더 많다

세일즈는 경제 환경과 깊은 관계가 있다. 따라서 세일즈맨은 고객을 설득하기 위해서라도 경제관념을 가지고 있어야 할 것이다. 우선 2016년과 2017년의 경제 전망을 해보자. 2016년은 어려울 것이고, 2017년은 아마 좀 더 어려울 것이다. 100% 자신한다. 경제는 갈수록 어려워진다. 아니, 1988년 이후로 갈수록 어려워져왔다.

앞으로 경제 호황기가 오기는 상당히 어려울 것으로 본다. 설령 호황이 온다고 해도 우리 서민들의 삶과는 별 관계가 없을 것이다. 다시 말해 우리는 궁핍의 시대에 접어들었고, 근검과 절약의 삶을 견뎌내야 한다.

그렇다면 어떻게 해야 할까? 경제가 어려우니 세일즈는 포기해야 할까? 그렇다면 이런 글을 쓰고 있지도 않을 것이다. 필자의 얘기를 먼저 해보겠다.

필자가 세일즈와 인연을 맺은 것은 1988년부터인데, 그때 이후로 세일즈하기에 좋았던 시절은 단 한 번도 없었다. 매년 비상 경영체제였고, 매년 비용 절감을 부르짖었다.

경제가 어렵다고? 그게 나하고 무슨 상관이란 말인가. 경제가 호황이어서 내가 큰돈을 번 기억도 딱히 없다. 따라서 경제가 어렵다고 내가 당장 망하는 것도 아니다. 잘되는 음식점이 불황 때문에 망했다는 소리를 들어본 적이 있는가? 경기가 안 좋아서 망하는 음식점이라면 어차피 망할 것이었다. 경쟁력 있는 음식점이라면 불황에 영향을 받기는 하겠지만 망하지는 않는다.

대학 시험이 어렵다고 모두 대학에 들어가지 못하는 것도 아니다. 갈 사람은 간다. 실패한 사람들만이 변명을 한다. 작년에 세일즈로 고액 연봉을 받은 사람은 올해도 큰 변화 없이 좋은 성과를 낼 것이다. 여러분의 선배를 잘 관찰해보라. 경제가 어려워졌다고 그만두는 사람이 있는가? 적어도 세일즈를 꾸준히 해온 사람이라면 절대 그만두지 않을 것이다. 오히려 새로운 시장을 발굴하는 기회로 삼을 것이다.

불황기의 영업전략? 너무 간단하다. 두 배로 뛰면 된다.

이 말은 너무 간단해서 사람들이 거의 믿지 않는 성공의 비밀이다. 하지만 지구 최고의 진리 중 하나가 '공짜는 없다.'란 말임을 떠올려보기 바란다. 세일즈는 발로 뛴 만큼 소득이 올라가는 직업이다. 앉아서 고객이 오기만을 기다리는 직업이 아닌 것이 얼마나 다행인가. 고정 경비도 들지 않는다. 불황일수록 기회는 더 많다.

기억하라. 세일즈에 호황기란 없다. 세일즈는 경제 환경 때문에 어려운 것이 아니라 스스로 만드는 핑계 때문에 어려운 직업임을. 경제가 좋았던 과거에도 세일즈가 힘들다고 때려치우는 사람들은 있었다. 하지만 불황을 이긴 세일즈맨은 다음 불황에서도 살아남는다. 그래서 10년, 20년 장기 근속하는 사람들이 많은 것이다. 어찌 보면 세일즈는 잘 파는 것도 중요하지만 견디는 힘도 필요하다. 당신의 견디는 힘은 어느 정도인가?

하고 싶은 일을 하려면 하고 싶지 않은 일을 많이 해야 된다고 한다.

불황기에 당신이 해야 할 것이 바로 이것이다.

> 66
> 경쟁력은 이기는 힘이 아니라 견디는 힘이다.
> 때에 따라서는 굽힐 줄 아는 능력이다.
> 99

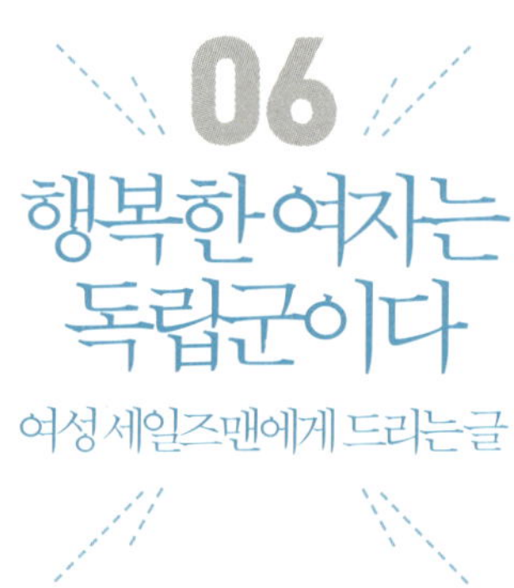

중국 시진핑 주석의 부인 펑리안 여사의 말을 소개하고자 한다. 여자가 행복해지는 방법을 아주 당당하게 제시했다는 면에서 깊은 공감이 가기 때문이다. 천천히 음미하면서 읽다 보면, 뭔가 길이 보이는 느낌을 갖게 될 것이다.

"여자는 자기관리만 해도 아주 잘하는 겁니다.

무얼 위해 남자까지 관리하려 합니까?

똑똑한 남자는 관리할 필요가 없고

멍청한 남자는 관리해도 소용이 없고

당신을 사랑하는 남자는 관리하지 않아도 되고

당신을 사랑하지 않는 남자는 당신이 관리할 자격이 없습니다.

그냥 당신은 열심히 여자로만 살면 되는 겁니다."

구구절절이 옳은 말이다. 먼저 자신을 사랑해야 남도 사랑해준다는 말도 있지 않은가. 남자에게 매달리는 것도 습관이라 평생 의존적 삶을 살면서 남 탓만 하게 될 가능성이 매우 크다. 반면 스스로를 관리하고 당당하게 사는 여성은 아무도 함부로 하지 못한다.

많은 아내들이 말한다. 인정받고 싶고 존중받고 싶다고. 그런데 안타까운 것은 집안일만 잘해가지고는 인정과 존중을 받던 시대는 지나갔다는 것이다. 많은 아내들이 현모양처의 굴레에 익숙해져서 새로운 도전을 하지 못한다. 나는 이 시대의 현모양처는 경제적으로 독립한 여성이라고 주장한다. 특히 경제적 독립은 여성의 행복에 있어 중요한 역할을 한다.

남편이나 아이에게 영향 받지 않는 독립적인 행복, 지속 가능한 행복을 원한다면 여성들도 일을 해야 한다. 세상에는 돈을 많이 벌고 안정적이고 존경을 받는 직업들이 많다. 하지만 그런 좋은 직업엔 반드시

까다로운 조건이 붙어 있고 경쟁이 치열하다. 하지만 세일즈는 본인의 의지만 있다면 20~30년 꾸준히 할 수 있는 일이다. 만약 당신이 지금 세일즈를 하고 있다면 매우 현명한 선택을 한 것이다. 어렵게 잡은 기회이니 스스로 차버리는 일은 하지 않기를 바란다.

시진핑 주석의 부인, 펑리안 여사가 현대 여성들에게 남긴 두 가지 당부를 마저 소개해보겠다.

첫째, 자신에게 투자하세요.

여성이 자신의 일생에서 가장 중요한 몇 년을 남자에게 투자한다면,

당신은 그 후 몇십 년을 그 남자가 떠나기 않게 하기 위해 부단히 노력해야 합니다. 그 소중한 시간을 자신에게 투자한다면 당신은 진정한 사랑을 얻을 수 있습니다. 남자는 여자가 여자다울 때 자연스럽게 다가오게 되어 있으니까요.

둘째, 독립적인 여자가 되세요.

일도 돈도 사랑도 남자한테 의지하지 않는 여자가 아름답고 매력적입니다. 사랑이란 뭘까요? 그 사람이 행복하도록 도움을 주는 것이지, 그 사람의 행복을 위해 나를 희생하는 것이 아닙니다. 모든 것을 남자에게 의지해서 산다면, 당신에겐 그 남자가 선택의 전부일지 모르지만, 그 남자에겐 당신이 선택의 일부가 됩니다.

> **"**
> 여성들이여, 남자에게 투자할 시간에 자신에게 투자하라.
> 존중받고 사랑받는 삶은 저절로 따라오게 되어 있다.
> **"**

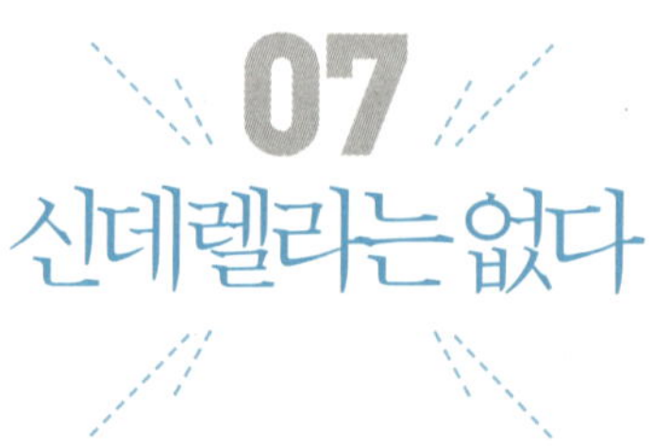

신데렐라는 없다

행복은 성적순이 아니라고 한다. 그런데 꼭 그렇지도 않다는 조사 결과가 있다. 최근 상명대 김영철 교수가 실시한 '학력 수준에 따른 삶의 만족도 조사'에 따르면 상위권 대학을 졸업한 사람들의 만족도가 높다고 한다. 좋은 대학을 나올수록 좋은 직장에서 안정적 경제활동을 할 것이고, 그런 안정성이 삶의 만족도로 나타난 것이라 짐작된다. 그런데 나는 이 조사가 성별로 분류되었으면 좋았을 것이라 생각한다. 여성들도 과연 그럴까란 의문이 들기 때문이다.

좋은 대학을 나왔지만 그에 상응하는 직업을 가지지 못할 경우, 오히려 삶의 만족도가 더 떨어질 가능성이 높다고 생각한다. 좋은 대학을 나온 여성이 직업을 가진 경우와 못 가진 경우로 나눠 조사를 해봤다면 더 확실히 알 수 있었을 것이다. 행복하려면 자신의 일을 가져야 하고 경제적으로 독립되어야 한다는 것은 자명한 이치다. 그런데 불행히도 대한민국 여성들에겐 이 일이 만만치가 않다.

게다가 결혼을 한 여성의 경우 육아란 굴레가 씌워지고 경력단절이란 멍에가 덧붙여진다. 육아를 담당하지 못하는 여성에겐 죄책감까지 따라붙는 현실에서 여성이 행복해지기란 매우 어렵다고 생각된다.

필자는 오래 전부터 가정의 행복은 '아내의 행복'에서 싹트고 '아내의 직업'에서 꽃핀다고 주장해왔다. 아내가 행복해야 가정이 행복하고 나라가 행복해지는 것이다. 그런데 아내는 무엇으로 행복해질까?

남편? 물론 일시적인 진통제 역할은 할 수 있을 것이다. 그러나 사람은 익숙한 것에 무뎌지고 싫증을 내는 경향이 있다. 유식한 말로 '한계 효용 체감의 법칙'이 그것이다. 늘 한결같은 사람은 동화 속에나 존재한다. 왜 세상의 모든 동화들이 '왕자와 공주는 결혼했습니다.'로 서둘러 끝나거나 '왕자와 공주는 결혼해서 행복하게 잘살았습니다.'로 뭉뚱그

려 버리는지 아는가?

결혼 후 공주는 남편의 바람기 때문에 골머리를 앓을 수도 있고, 술버릇 때문에 매일 부부싸움을 할 수도 있고, 왕자가 왕위를 물려받지 못해 함께 쫓겨날 수도 있다. 남편 때문에 행복하다는 말은 남편 때문에 언제든 불행해질 수도 있음을 의미한다. 아이들도 마찬가지다.

결국 남 때문이 아니라 나 때문에 행복해야 된다는 결론이 나온다. 그러려면 어떤 '나'여야 할까? 정신적으로 경제적으로 독립한 나여야 오래 행복할 가능성이 높다. 그래야 삶에 여유가 생기고, 그런 여유가 다른 사람들과의 관계를 좋게 해서 조금씩 더 행복해지는 선순환이 시작되는 것이다.

생각해보라. 일을 가진 여성과 일이 없는 여성, 누가 더 삶의 만족도가 높을까? 여성에게 직업은 스스로를 증명하는 최고의 수단이다. 아직까지 여성의 가사노동은 당연한 것으로 여겨지고 당분간 그런 인식이 변하기는 어려울 것으로 보인다. 그러나 일하는 여성은 누구의 아내나 엄마가 아니라, 본인의 이름으로 능력을 인정받는다. 자존감이 높아지면 더 일에 몰두하게 되고 행복한 순간을 자주 맛보게 될 것이다. 자연스럽게 남편과 자녀에게 의존하는 삶에서 벗어나게 되는 것이다.

일하는 여성은 가정이 전부가 아니다 보니 잔소리하는 횟수가 줄어든다. 가족들과의 관계가 더 좋아지고 가족들도 아내와 엄마의 직업을 인정한다. 사회적으로 성공한 아내와 엄마를 존경하게 되는 것이다. 물론 실패도 하고 좌절도 할 것이다. 하지만 그런 것들은 대개 극복이 가능하다. 우리는 모두 극복한 후의 기쁨을 알고 있다.

세일즈는 참으로 좋은 직업이다. 특히 여성들이 행복할 가능성을 아주 높여주는 일이다. 일하는 여자는 아름답고, 아이들은 일하는 엄마를 보고 배운다.

> **"**
> '오래오래 행복하게 살았습니다.'로 끝나는
> 신데렐라 이야기는 동화 속에만 존재한다. 길게 행복하려면
> 좋은 남자가 아니라 좋은 직업이 필요하다.
> **"**

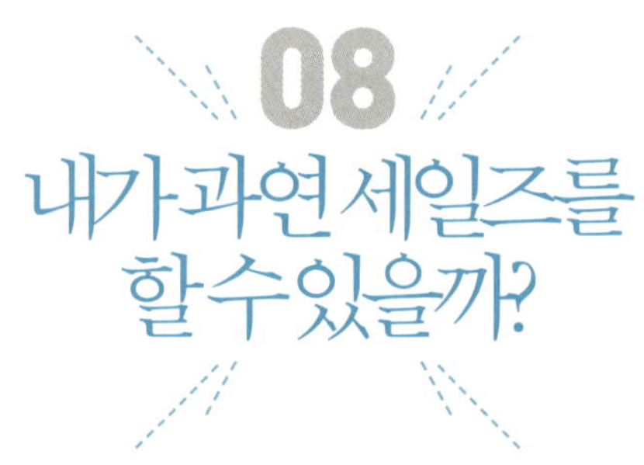

08 내가 과연 세일즈를
할 수 있을까?

많은 사람들이 스스로 이런 질문을 한다. 세일즈란 직업을 권유받았을 때, 나는 잘할 수 있을 것이라 생각했던 사람은 단 한 명도 없다고 본다.

보험을 예로 들어보자.

'많은 사람들이 단골 고객을 갖고 있을 텐데 내가 들어갈 시장이 있을까? 대부분 사람들이 보험에 가입했을 텐데, 아직도 안 한 사람이 있을까? 난 보험을 잘 모르는데 과연 내가 할 수 있을까?'

이미 많은 사람들이 보험 일선에서 열심히 뛰고 있다는 현실에 소극적이 되고, 내가 아는 대부분의 사람들이 이미 보험에 가입되어 있다는 사실에 절망하는 것이다. 게다가 아무도 내가 보험을 하면 잘할 것이라고 격려해주지 않는다. 이런 고민과 불안은 20년 전에도 30년 전에도 있어왔던 것이다. 많은 사람들이 보험에 입문했다가 1년을 넘기지 못하고 보험 일과 보험회사를 욕하면서, 친구나 지인을 원망하면서 포기한다. 그들의 공통점은 모두 남 탓, 환경 탓을 한다는 것이다. 사실 그들은 남 탓을 해야 살아갈 수 있는 평범한 사람들이다. 생각해보라. 자신을 탓하며 일을 포기하는 심정은 얼마나 비참하겠는가.

우리가 성공한 사람의 말을 들어야 하는 이유가 여기에 있다.

보험을 오랫동안 꾸준히 해왔으며 일정한 성과를 내는 사람 말이다. 그런데 불량식품이 더 맛있는 것처럼 이상하게도 실패한 사람들의 말에 귀를 기울이게 되는 심리가 있다. 혹시 당신도 그렇지 않은가?

시장은 늘 같았다. 늘 어렵고 막막했단 말이다. 그런 불안감이 100% 리얼이라면 우리 주변에 보험을 하는 사람은 멸종되었어야 마땅하다. 그런데 보험 세일즈를 하는 사람들은 오히려 점점 늘어가고 있다. 더욱이 보험을 10년 이상 한 사람들 역시 늘고 있다(물론 1년차 정착률은 10% 내외인데, 이 수치 역시 30년 동안 변함이 없다).

그런데 그들은 이 어려운 일을 어떻게 오래할 수 있었을까? 이유는 간단하다. 할 만하니까, 그리고 돈이 되니까 하는 거다.

필자는 1980년대부터 영업하던 분들을 많이 알고 있다. 그들을 만나면 대부분 자식 이야기를 한다. 아들이 변호사고, 아이를 외국에 유학 보냈고, 아이가 대기업에 취직했다는 이야기들이다. 이 모든 것이 보험을 했기 때문에 가능했다는 얘기도 덧붙인다. 스스로를 칭찬하는 말이다. 힘든 보험 세일즈를 통해 한평생 열심히 살아왔음을 자랑하는 것이다. 보험은 바로 이 맛에 하는 것이다.

충분히 자랑할 만하다. 이 글을 읽는 당신도 훗날 그렇게 자랑할 수 있을 것이다. 스스로 포기하지 않는다면, 너무 욕심을 부리지 않는다면 당신도 세일즈에서 반드시 성공할 수 있다.

> **“**
> 실체도 없는 두려움에 휘둘리지 말고 한걸음씩
> 앞으로 나아가라. 세일즈란 직업은 절대 배신하지 않고
> 실망시키지 않는다.
> **”**

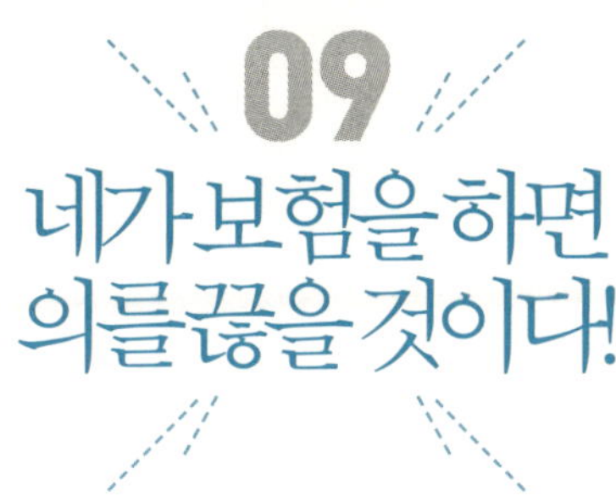

지인이 보험 세일즈를 하겠다고 선언한 동생에게 한 말이란다. 그래서 어떻게 되었냐고? 그 동생은 지금 7년째 보험을 하고 있고, 그 일을 너무 좋아한다고 한다. 다음은 내가 지인과 나눈 대화이다.

"그때는 왜 그렇게 심하게 반대를 했나요?"

"글쎄요, 아무래도 보험 하는 사람에 대한 편견이 있었던 것 같아요."

“어떤 편견이요?”

“뭐 행실이 좋지 않다던가, 그런 거죠.”

“구체적으로 어떤 행실이요?”

“보험 하면 바람난다는 말도 있잖아요. 화장을 너무 진하게 하는 것
도 그렇고, 헤프게 웃고 다니는 것도 그렇고.”

“실제로 그런 일을 경험한 적이 있나요?”

“아뇨, 다 여기저기서 들은 말이죠.”

“그러면 화장하고 옷을 잘 차려 입으면 행실이 나쁜 건가요?”

“모두 다 그런 건 아니겠죠.”

“남자들을 만나 웃으면서 얘기하는 것이 나쁜 일인가요?”

“꼭 그런 건 아니지만…….”

“그럼 시장에서 장사하는 분들은 화장해서도 옷을 잘 차려 입어서도
안 되겠네요. 손님이 와도 웃으면 안 되고.”

“그건 그렇군요.”

“비즈니스 상대에게 좋은 모습을 보여주고, 고객의 말을 잘 들어주는
것이 결코 나쁜 것이라고는 할 수 없죠. 지금 생각은 어떤가요?”

“동생이 보험 일을 하길 정말 잘했다고 생각하죠. 우울증도 사라지고
제부와도 사이가 좋아져서 참 보기 좋아요.”

보험뿐만 아니라 세일즈를 하는 여성들은 모두 편견과 고정관념 때문에 힘들어 한다. 물론 그중에는 일탈을 하는 사람이 생기기도 한다. 그런데 그 일탈은 세일즈 때문이 아니라, 남녀가 만나는 곳 어디서나 생길 수 있는 문제다. 등산이나 골프, 사이클 등 여가활동을 하면서도 이런 문제가 많이 생기니 등산이나 골프 자체를 안 좋은 시선으로 보는 사람들이 있는데, 이는 본질에서 벗어나도 한참 벗어난 생각이다.

내가 아는 세일즈맨들은 자기관리가 엄격하고 정말 성실하게 컨설턴트의 역할을 하는 분들이 대부분이다. 그들은 고객을 만나기 위해 늘 말쑥한 정장 차림이다. 무거운 노트북을 들고 문전박대를 당하면서도 1%의 체결 가능성을 위해 이를 악물고 세일즈를 계속하는 존경스러운 분들이다.

옛말에 '동냥은 못 줘도 쪽박은 깨지 말라.'는 말이 있다. 믿고 지켜봐 주는 것이 필요하다. 스스로 자립하겠다는 사람을 말리거나 방해해서는 안 될 일이다. 최근엔 어머니가 하던 보험을 자식이 물려받아 집안의 가업처럼 계승하는 사례를 심심치 않게 볼 수 있다.

유명한 운동선수나 연예인들이 자신의 자녀들은 이 일을 하지 않았으면 하는 얘기를 들었을 것이다. 그런데 이렇게 힘든 세일즈를 왜 자녀에게 물려주려 하는 것일까? 수십 년 보험 일을 하면서 수많은 직업

군을 만나보고 내린 결론이라 생각하면 가볍게 넘겨서는 안 될 일이다.

보험에 편견을 가진 사람들은 자신이 하지 못하는 일을 하는 사람들에 대한 부러움을 부정적으로 표출하는 미성숙한 이들이다. 그 사람들은 내 인생과 행복을 어찌해줄 수 있는 사람들이 아니다. 편견에 휘둘리지 말고 나의 길을 가자.

> **66**
> 길을 가는데 개가 짖는다. 그 소리까지 신경 쓰면
> 나만 피곤해진다. 세일즈를 하겠다고 마음먹었다면
> 가던 길을 계속 가면 된다.
> **99**

내가 추구하는 세일즈는 스몰 비즈니스다. 즉 내 수준에 맞게, 가늘고 길게, 오랫동안 지속 가능한 세일즈를 말한다. 연봉으로 치자면 억대 연봉보다는 3천만 원에서 6천만 원 정도의 수준이다. 물론 억대 연봉을 받으면 좋겠지만, 세일즈로 단시간에 그렇게 벌 수 있는 사람은 그리 많지 않다.

작은 연봉에서 서서히 올라 다지기를 하면서 억대 연봉이 되는 것은 환영할 만하지만, 한 순간에 올랐다가 한 순간에 무너지는 고액 연봉의 꿈은 우리의 인생을 파괴하는 악영향을 끼친다.

　세일즈를 시작하는 사람들은 누구나 억대 연봉의 꿈을 꾼다. 내 말은 그 꿈을 버리라는 것이 아니다. 너무 큰 기대를 가지면 그만큼 실망이 크고 그런 실망이 쌓이면 절망하기 쉽기 때문에 하는 말이다. 높은 산을 오르는 길은 여러 가지이다. 빠른 길도 있고 천천히 가는 길도 있다. 어떤 길이 좋을까? 가장 좋은 길은 내 체력에 맞는 길이란 것이 정답이다.

　올라가면 내려오게 된다는 것이 살면서 깨달은 세상의 이치다. 천천히 올라가서 천천히 내려오는 것도 지혜로운 방법이라 생각한다. 특히 높은 산을 오르는 것은 나의 능력과 날씨가 잘 맞을 때 성공하게 된다. 전문 등반가들도 최적의 날씨를 기다린다. 결코 서두르지 않으며, 때가

되면 최선을 다한다.

세일즈도 마찬가지다. 서두르지 말고 천천히 자신의 계획대로 황소 걸음처럼 가는 것이 정석이다. 누군가가 한 일은 나도 할 수 있다. 하지만 그 사람과 같은 방법이 아니라 나의 방법으로 해야 한다.

누군가 암벽을 타고 정상에 올랐다고 해서 나도 암벽을 타야 한다는 것은 아니다. 내게 맞는 방법을 생각해야 한다. 나의 길을 찾는 것, 남과 비교하지 않고 나의 길을 묵묵히 가는 것이 세일즈의 도(道)다.

부디 성공 사례란 허상을 무조건 답습하지 않길 바란다. 그건 그 사람만의 노하우일 뿐이다. 그 사람도 그 길을 찾기 위해 무수한 시행착오를 반복했음을 알아야 한다.

우선은 천천히 작게 시작하라. 회사의 목표를 나의 목표로 정해 노력하라. 가다가 뒤돌아보면 훌쩍 큰 나를 발견하게 될 것이다.

> 66
> 세일즈는 작게 시작해서 오래가는 것이 최선이다.
> 천천히 가다가 뒤돌아보면 내가 지나온 꿈같은 길이 보일 것이다. 그러면 당신은 앞으로 더 나아갈 수 있다.
> 99

원하는 것을 하나 이루고 싶다면 원하지 않는 것을 아홉 개는 해야 한다. 그게 싫다면 아무것도 원하지 말아야 한다.

날씬한 몸매를 갖고 싶다면, 식사 조절과 함께 하루에 3시간씩 코피 나게 운동하면 된다. 치킨과 삼겹살을 끊고, 라면과 빵을 멀리하고, 회식 자리에서는 당근 쪼가리만 주워 먹어야 한다. 휴일에 늦잠 자고 싶은 유혹을 뿌리쳐야 하고 편하게 저녁 시간을 즐기는 것을 포기해야 한다. 이렇게 날씬한 몸매 하나를 갖기 위해서는 하고 싶지 않은 일을 무지하게 해야 한다. 그렇게 꾸준히 1년 정도 지속하면 분명히 원하는 것을 이룰 수 있다.

하긴 나도 방송에 출연하기 위해 하고 싶지 않은 일을 많이 했고, 하고 싶지 않은 말을 많이 했다. 어떤 날은 내가 왜 이 짓을 하고 있나 자책하기도 했다. 한 마리 학처럼 고고하게 살고 싶었지만 실력과 학벌과 배경이 부족한 내겐 불가능한 일이었다. 그런데 왜 나는 내 주제도 모르고 무모한 일에 도전했을까. 그 길이 그렇게 어려울 줄 몰랐다는 게 정답이다.

세상은 정글이고 사막이고 남극이었다. 한 번의 출연 기회를 잡기 위해 자존심을 무참하게 구겨야 했다. 열 번 찍어 안 넘어가는 나무도 있다는 생각도 했다. 그렇게 상처받으면서 하고 싶지 않은 일을 몇 년이나 지속해온 어느 날, 서서히 문이 열리기 시작했다. 사실 처음엔 문이 열리는 게 뭔지도 몰랐다.

방송 초기에는 사고도 치고 핀잔도 많이 들었다. 나이나 적은가, 창피한 적이 많았다. 그런데 지금 생각해보면 그런 실수가 있어서 더 잘되었다는 생각이 든다. 실수를 통해 더 많이 배웠고 큰 무대에 설 수 있었기 때문이다.

지금은 길거리나 식당에서 나를 알아보는 사람들이 많다. 다 조상님과 부처님, 하나님 덕이다. 그리고 한 가지가 더 있다면 하고 싶지 않은 일을 꾹 참고 한 나의 덕이다. 이럴 줄 알았으면 조금 더 하고 싶지 않은 일을 할 걸 그랬다.

하지만 후회하지는 않는다. 아직 내 꿈이 다 이루어진 것이 아니기 때문이다. 이제부터 다시 하고 싶지 않은 일을 할 작정이다. 예전에는 헝그리 정신이었다면 이제는 프로 정신으로 무장하고 도전할 것이다.

> **66**
> 성공을 불러오는 위대한 법칙이 있다.
> 성공하고 싶다면 지금 당장 '하고 싶지 않은 일'을 하라.
> 많이 할수록 문은 더 빨리 열린다.
> **99**

세일즈를 하다가 많이 힘들 때,

이게 다 세상 탓이고 남편 탓이라고 생각하는 것도 힐링의 방법이다.

'내 탓이오.'만 하는 것은 도덕적으로는 훌륭할지 모르지만 정신 건강에

는 도움이 되지 않는다. 우리는 남 탓 하는 것이 치졸하다고 세뇌 당하

며 성장했다. 모든 것을 자기 탓으로 돌리고 먼저 사과하는 것을 미덕

이라고 배워 왔던 것이다. 이것이 바로 자책감의 근원이다.

그러나 알아야 한다. 자책감보다 몇 배 무서운 것이 스트레스라는 사

실을. 세일즈는 정말 스트레스가 많은 직업이다. 백 명의 고객이 있다면 백 명의 상황이나 성격이 다 제각각이다. 거절하는 패턴도 다양하다. 아주 미안해 하면서 거절하는 고객이 있는가 하면, 모멸감을 느끼도록 기분 나쁘게 거절하는 고객도 있다.

필자도 보험 영업을 하면서 수많은 거절과 고객의 불만을 견뎌야 했다. 보상이 자신의 기대에 미치지 않는다고 항의하는 고객도 많았다. 나는 기껏 담당자에게 아쉬운 소리를 해가면서 빨리 처리해주었는데 고객은 보상금이 적다고 전화통에다 대고 불만을 쏟아 놓는다. 몇 달을 공들여서 청약서에 사인을 받는 단계까지 왔는데, 마감 직전에 철회하는 고객도 있었다.

세일즈를 하다 보면 상처와 스트레스는 피할 수 없다. 문제는 이를 어떻게 푸느냐이다. 이런 경우 대개는 자신을 탓한다. 물론 내가 부족한 부분도 있을 것이다. 하지만 고객이 문제일 수도 있다. 세상일을 다 내 탓이라고 할 필요는 없다.

가끔은 고객 탓도 하고, 지점장 탓도 하고, 매니저 탓도 하고, 단장님 탓도 하라. 심지어는 남편 탓도 하고, 부모 탓도 하고, 운명 탓도 하라. 고고하게 자기 탓만 하는 것은 상처를 더 깊게 만드는 일이다. 어쩌면 인간의 본성 자체가 남 탓을 하는 것일 수도 있다.

실컷 욕하고 미워하자. 한참을 그러고 나면 마음에 스며들었던 어둠이 비워지고 밝은 햇빛이 채워진다. 이것이 마음의 자정 능력, 다시 말해 회복력이다. 비우면 채워지는 것이 있다. 그때 다시 마음을 다잡으면 된다.

힘이 들 때, 짜증이 밀려올 때는 물 흐르듯 자연스럽게 남 탓, 고객 탓으로 치부해버리고 빨리 일상으로 돌아와야 한다. 돌아오는 것도 능력임을 명심하자.

> **66**
> '내 탓이오'는 이제 그만. 고객 탓, 지점장 탓,
> 남편 탓을 하면서 상처를 치유하자.
> 그리고 빨리 일상으로 돌아오자.
> **99**

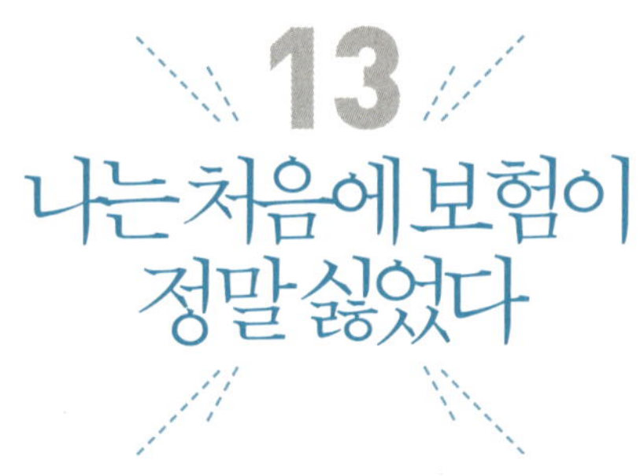

나의 첫 직장이 보험회사가 아니었다면? 요즘도 가끔 이런 생각을 한다. 나는 제대하고 곧바로 보험회사에 입사했다. 솔직히 가고 싶은 회사는 아니었다. 나는 무역회사나 대기업, 혹은 광고회사 같은 데 가고 싶었다. 딱히 이유가 있다기보다는 뭔가 좀 있어 보이는 회사에 다니고 싶었던 것 같다. 입사지원서를 여기저기 냈지만 정작 보험회사에서만 응답이 왔다.

대학 동기들은 대기업에 많이 들어갔다. 가끔씩 만나는 친구들이 참 부러웠던 기억이 난다. 친구들이 뉴욕 출장 얘기를 할 때, 나는 머릿속으로 가리봉동에 보험 받으러 다녀온 생각을 하며 기가 죽어지냈던 시절도 있었다. 그러나 그 친구들은 이미 오래 전에 회사를 그만두었거나 명퇴를 당했거나 동네에서 닭을 튀기고 있다. 혹은 뒤늦게 보험회사에 취업하기도 했다.

자신이 평생 하던 일과는 다른 일을 하는 친구들이 대부분이다. 그런데 보험회사에 입사했던 친구나 동기들은 상당수가 회사를 그만두고서도 보험 일을 한다. 대리점을 하거나, 다른 보험사에 취업하거나, 손해사정인으로 일하거나, 어쨌든 다들 먹고는 산다. 특히 영업이나 영업 관리를 했던 친구들은 거의 대부분 보험 일을 하고 있다.

나도 마찬가지다. 회사를 그만두고 보험회사에서 강의를 한 것이 이제 20년이 되었다. 방송에 출연하게 되면서부터 나를 찾는 보험회사가 더 늘어났다. 한 보험회사에 갔더니 방송에 출연 중인 스타(?) 강사 중에 보험회사 출신이 없어 서운했는데, 드디어 내가 첫 번째란다. 내가 생각해도 나 말고는 없다. 물론 앞으로는 많이 나올 것으로 기대한다.

업계의 후배들이 나를 보고 이렇게 생각하기를 바란다. '저 사람도 했는데 나도 할 수 있지 않을까?' 솔직히 보험에 대해서는 하나도 모르면서 보험회사에서 강의를 하는 유명 강사들의 강의 내용에 실망했던 기억이 난다. 내가 누군가에게 희망의 증거가 된다는 것은 얼마나 가슴 벅찬 일인가. 누군가 나를 보고 도전할 마음을 낸다면 이 세상에 오기를 잘했다는 생각이 들 것이다.

방송에서 나를 본 사람들은 나를 소통 전문가로 기억한다. 앞으로도 변함이 없을 것이다. 나는 어쩌다가 소통 전문가가 되었을까. 뭐 그건 중요하지 않다. 나는 앞으로 다른 전문가가 될 수도 있으니까 말이다.

중요한 것은 나는 방송에 출연하게 되었고 이제 유명 강사 혹은 스타 강사의 길을 시작했다. 조금만 더 노력하면 조금만 더 참고 견디면 될 것 같다. 20년 넘도록 꾸었던 꿈이 이루어질 날이 이제 얼마 남지 않은 것 같기도 하다.

그러나 중요한 것은 이 모든 것이 내가 보험회사에 입사했기 때문에 나에게 생긴 일이란 사실이다. 일반 대기업이나 무역회사에 들어갔다면 결코 나는 강사가 되지 않았을 것이고 방송에 나올 일도 없었을 것이다. 보험회사에 입사했고, 영업을 했고, 관리를 하면서 강의를 시작했다. 강의를 하면서 그것이 내가 잘하는 일이고 좋아하는 일임을 알게 되었다.

다른 사업을 해보려고 다니던 보험회사를 그만두었지만, 그 회사의 요청으로 다시 강의를 시작했다. 후배의 소개로 다른 보험사에서도 강의를 하게 되었다. 반응이 좋았다. 그러다 보니 나보다 더 강의를 잘하는 사람을 보고 분발했고 높은 강사료를 받는 유명 강사들을 부러워했다.

그들은 모두 방송에 출연한 경력이 있는 사람들임을 알고는 방송에 나가고 싶어 십 년쯤 별짓을 다했다. 그리고 마침내 방송에 출연하게 되었고, 지금 나는 여기에 있다. 그러니 어찌 보험이 내 운명이라고 부르지 않을 수 있겠는가.

보험아, 고맙다! 보험이 없었으면 지금의 내 삶도 없다는 것이 확실한데, 왜 나는 젊은 시절 그렇게 내 자신을 부끄러워하고 남들을 부러워했을까. 지금 생각해보면 내 생각이 짧았다.

혹시 여러분들이 젊은 시절의 나와 같은 생각을 할까봐, 그래서 다른 선택을 할까봐 불안하다. 몇 년만 지나면 엄청난 일이 생길 텐데 여기서 그만두면 너무 아깝고 아쉽지 않은가. 아마 여러분에겐 나보다 더 멋진 일이 생길 것이다.

보험은 내 운명, 그리고 보험은 당신의 운명이다.

"

젊은 시절, 내가 부러워했던 대기업에 다니던 친구들은
지금 동네에서 닭을 튀기고 있다. 나는 여전히 보험 일로
잘나가고 있다. 보험은 나의 운명이다.

"

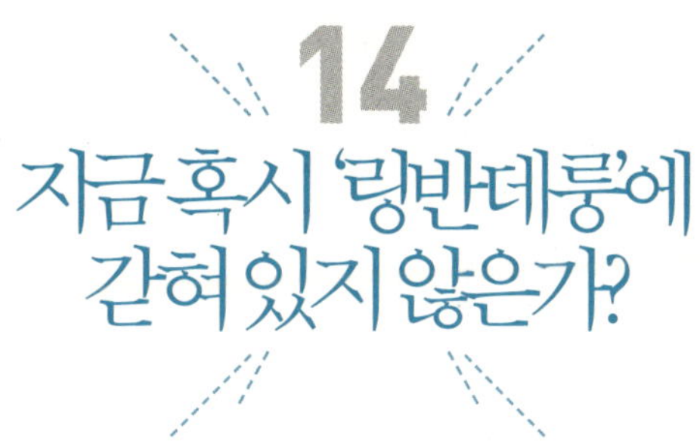

정글, 혹은 깊은 산속을 탐험하거나 여행하는 소재의 영화들이 있다. 그런데 이런 영화의 줄거리는 대충 비슷하다. 사람들은 길을 잃는다. 길을 찾기 위해 산 넘고 물 건너 온갖 고생을 하는데 이상하게도 출발한 곳으로 되돌아오게 되는 것이다. 위기의 클라이맥스다. 결국 영화는 다시 길을 찾아 고향으로 돌아간다는 해피엔딩인 경우가 많다.

그런데 신기하지 않은가? 왜 출발한 곳으로 다시 돌아올까? 실제로 그런 일은 빈번하게 발생한다고 한다. 그것을 등반 용어로 링반데룽 (Ringwanderung) 현상이라고 한다. 이런 현상은 대부분 악천후의 산악 지역, 혹은 하늘을 볼 수 없는 정글, 광대한 사막지역에서 자주 발생하는데 방향을 가늠할 수 있는 목표점이 없다는 것이 공통점이다. 본인은 똑바로 걷고 있다고 생각하는데 사실은 큰 원을 그리면서 제자리를 맴돌게 된다는 것이다.

링반데룽(Ringwanderung) 현상

독일어 '링반데룽'은 원을 뜻하는 'Ring'과 걷는다는 의미의 'Wanderung'이 합쳐진 등반 용어로, 환상방황(環狀彷徨)이라고도 한다. 짙은 안개, 폭우, 폭설 등 악천후로 인해 방향 감각을 잃어버리고 길을 찾는다는 것이 같은 지역만 뱅뱅 맴돌게 되는 현상을 일컫는다.

이런 현상은 사람의 몸이 불균형 상태이기 때문에 일어난다고 알려져 있다. 신체의 좌우 발육 상태가 다르거나 장기의 무게가 다르기 때문에 일직선으로 똑바로 걷거나 뛴다고 해도 간이나 심장 등 무거운 쪽으로 기울게 된다는 것이다. 또한 다리의 길이가 짧은 쪽으로 원을 그리며 돌게 된다. 이런 현상을 방지하기 위해서는 지도와 나침반으로 위치를 파악하거나 넓은 시야를 확보할 수 있는 높은 곳으로 올라가 지형을 파악한 후 여행을 계속해야 한다.

링반데룽 현상을 겪게 되면 결국 지쳐서 죽음을 맞이하게 된다고 한다. 그런데 여기서 한 가지 의문점이 생기지 않는가. 이런 지역보다 더 넓은 곳이 바다인데 바다에서는 어떻게 방향을 잡을 수 있을까? 컬럼버스는 어떻게 그 먼 거리를 여행하고 신대륙을 발견했을까? 영화를 보면 컬럼버스가 밤마다 하는 일이 하나 있다.

바로 별을 보는 것이다. 컬럼버스는 매일 밤 북극성을 보며 항해할 방향을 잡았던 것이다. 삶은 속도가 아니라 방향이라고 했다. 이 말은 간절히 원하면 이루어진다는 말과도 일맥상통한다. 한 가지를 간절히 생각하고 그 길을 잃지 않고 계속 걸어가는 사람은 자연스럽게 원하는 것을 달성할 확률이 높아지지 않겠는가.

정말 안타까운 것은 열심히 노력하는데 제자리를 맴도는 경우다. 몇 년이 지난 후 돌아보니 아무것도 좋아진 것이 없다면 그 누구라도 포기하게 된다. 뭔가 과거보다 좋아진 것이 있다고 느낄 때 사람은 앞으로 나아갈 동력을 얻게 되지 않겠는가. 주변을 보면 참 열심히 사는데 제자리를 맴도는 사람들이 꽤 있다. 아마 방향성의 문제가 아닐까 생각해 본다.

가끔 보험과 다른 세일즈를 동시에 하는 분들을 보는데, 개인적으로 안타까운 마음이 크다. 물론 한 가지가 어려우니 두세 가지를 함께 함으로써 위험을 분산하고 소득을 더 올리겠다는 심정은 충분히 이해한다. 그러나 상식적으로 생각해봐도 한 가지를 제대로 못하는데 여러 가지를 제대로 하기는 어렵지 않을까.

보험회사에서 만났던 분을 정수기 회사나 건강용품의 방판 회사에서 만나는 경우가 종종 있다. 이런 경우가 바로 인생의 링반데룽이란 생각이 든다. 몇 년 전에 보았을 때와 하나도 달라진 것이 없으니까. 강의를 듣는 태도는 열정적이고 얼굴에서 의욕도 빛난다. 그런데 왜 한 가지를 꾸준히 하지 못하는 걸까. 다음에 다른 곳에서 다시 만나게 되지 않기를 바라는 마음이 간절하다.

우리가 살면서 산이나 사막에서 링반데룽을 만날 확률은 제로에 가

깝다. 우리가 걱정해야 할 것은 우리 인생의 링반데룽이다. 몇 년을 열심히 살았는데 좋아진 것이 하나도 없다면 그 허탈감과 무력감을 견디기가 무척 힘들 것이다. 이런 일은 뚜렷한 목표점이 없기 때문에 생길 확률이 가장 높다. 열심히 살지 않아서가 아니다.

주변을 둘러보라. 모두들 정말 열심히 산다. 다만 차이가 있다면 방향성이다. 삶의 목표, 세일즈의 목표, 이달의 목표, 이런 것들이 머리와 가슴속에 늘 자리 잡고 있는지 아닌지의 차이일 것이다.

당신의 소원은 무엇인가? 좋은 목표를 가지고 있다는 것은 좋은 재료로 음식을 만드는 것과 같다. 좋은 재료를 준비했다면 요리의 절반이 완성된 것과 다름없다.

> **"**
> 지금 혹시 제자리를 맴돌고 있지 않는가?
> 나침반을 보고, 북극성을 보고
> 자신의 방향을 점검하라.
> **"**